Lettre ouverte aux culs-bénits

CAVANNA

Lettre ouverte aux culs-bénits

Albin Michel

Collection « Lettre ouverte »

22, rue Huyghens, 75014 Paris

ISBN 2-226-06925-9
ISSN 0755-1789

Avant tout

Lecteur, avant tout, je te dois un aveu. Le titre de ce livre est un attrape-couillon. Cette « lettre ouverte » ne s'adresse pas aux culs-bénits. Pas vraiment. Ceux d'entre eux qui ont acheté le livre, croyant, sur la foi de son titre, qu'il leur était destiné, ont été possédés. C'est bien fait.

Mais je suis bien tranquille, ils ne l'ont pas acheté. L'auraient-ils acheté et, par erreur, par curiosité, par masochisme ou par mortification pieuse, lu, ce n'en serait pas moins du papier gaspillé : les culs-bénits sont imperméables, inoxydables, inexpugnables, murés une fois pour toutes dans ce qu'il est convenu d'appeler leur « foi ». Arguments ou sarcasmes, rien ne les atteint, ils ont rencontré Dieu, ils l'ont touché du doigt. Amen. Jetons-les aux lions, ils aiment ça.

Ce n'est donc pas à eux, brebis bêlantes ou sombres fanatiques, que je m'adresse ici, mais bien à vous, mes chers mécréants, si dénigrés, si méprisés en cette merdeuse fin de siècle où le groin de l'imbécillité triomphante envahit tout, où la curaille universelle, quelle que soit sa couleur, quels que soient les salamalecs de son rituel, revient en force partout dans le monde. Ce titre, vous ne vous y êtes pas trompés, vous. Vous l'avez perçu comme un appel, un signe de ralliement, une main qui s'agite au-dessus de l'océan de la connerie montante pour vous faire savoir que vous n'êtes pas seuls, que nous ne sommes pas seuls. Le petit nombre, c'est vrai, et dispersé, c'est vrai, mais conscient et décidé à ne pas hurler avec les loups, à ne pas bêler avec les ouailles.

O vous, les mécréants, les athées, les impies, les libres-penseurs, vous les sceptiques sereins qu'écœure l'épaisse ragougnasse de toutes les prêtrailles, vous qui n'avez besoin ni de petit Jésus, ni de père Noël, ni d'Allah au blanc turban, ni de Yahvé au noir sourcil, ni de dalaï-lama si touchant dans son torchon jaune, ni de grotte de Lourdes, ni de messe en rock, vous qui ricanez de l'astrologie crapuleuse comme des sectes « fraternellement » esclavagistes, vous qui savez que le progrès peut exister, qu'il est dans l'usage de notre raison et nulle part ailleurs, vous, mes frères en incroyance fertile, ne soyez pas aussi discrets, aussi timides, aussi résignés !

Ne soyez pas là, bras ballants, navrés mais sans ressort, à contempler la hideuse résurrection des monstres du vieux marécage qu'on avait bien cru en train de crever de leur belle mort.

Vous qui savez que la question de l'existence d'un dieu et celle de notre raison d'être ici-bas ne sont que les reflets de notre peur de mourir, du refus de notre insignifiance, et ne peuvent susciter que des réponses illusoires, tour à tour consolatrices et terrifiantes,

Vous qui n'admettez pas que des gourous tiarés ou enturbannés imposent leurs conceptions délirantes et, dès qu'ils le peuvent, leur intransigeance tyrannique à des foules fanatisées ou résignées,

Vous qui voyez la laïcité et donc la démocratie reculer d'année en année, victimes tout autant de l'indifférence des foules que du dynamisme conquérant des culs-bénits,

A l'heure où les chouans de tout bord redressent arrogamment la crête et brandissent fourches et étendards pour proclamer leur fierté de pratiquer — et d'imposer — la « foi de leurs pères »,

A l'heure du « New-Age » des « ésotérismes » (ravaudage à la mode, puisque venu d'Amérique, des vieilles défroques ultra-éculées de l'occultisme), à l'heure des « guérisseurs par la foi qui sauve », des sorciers, des diseurs de bonne aventure accueillis à bras ouverts sur les petits écrans parce que « faisant de l'audimat », des escrocs éhontés vendeurs de croix « magiques », de talismans et autres gris-gris,

A l'heure où les athées, les libres-penseurs, les agnostiques, n'ont droit qu'à de rares et furtifs passages dans les médias tandis que la télé s'ouvre plein pot aux rites et cérémonies des « grandes religions » (Comme si les fidèles ne pouvaient pas faire à leur dieu bien-aimé le sacrifice d'aller jusqu'à son lieu de culte, au lieu de regarder ça du fond de leur lit !),

A l'heure où fleurit l'obscurantisme né de l'insuffisance ou de la timidité de l'école publique, empêtrée dans une conception trop timorée de la laïcité,

Sachons au moins nous reconnaître entre nous, ne nous laissons pas submerger, écrivons, « causons dans le poste », éduquons nos gosses, saisissons toutes les occasions de sauver de la bêtise et du conformisme ceux qui peuvent être sauvés !

Ces coups de gueule au jour le jour ne prétendent pas à l'exhaustivité. Il y aurait trop à dire ! Ce n'est pas ici un cours de théologie à l'envers (Les fausses sciences ne m'intéressent nullement, pas plus la théologie ou l'apologétique que l'astrologie, les lignes de la main ou la torsion de petites cuillères à distance). Simplement, en cette veille d'un siècle que les ressasseurs de mots d'auteur pour salons et vernissages se plaisent à prédire « mystique », je m'adresse à vous, incroyants, et surtout à vous, enfants d'incroyants élevés à l'écart de ces mômeries et qui ne soupçonnez pas ce que peuvent être le frisson religieux, la tentation de la réponse automatique à tout, le délicieux abandon du doute inconfortable pour la certitude assénée, et, par-dessus tout, le rassurant conformisme.

Dieu est à la mode. Raison de plus pour le laisser aux abrutis qui la suivent.

Un livre aussi « blasphématoire » n'aurait pu être édité ailleurs qu'en France sans risquer de gros ennuis. Les fanatiques ne se trouvent pas tous en Iran. S'ils n'assassinent pas à tous les coups, du moins peuvent-ils traîner l'impie en justice, lui casser la gueule dans un coin noir ou foutre le feu chez lui.

Heureusement, nous sommes en France ! En France, qui est encore un peu (si peu !) la patrie de Voltaire, de Diderot, de Hugo, de Renan. Profitons-en. Tant que ça dure...

Eh, vous !

Vous,
les chrétiens,
les Juifs,
les musulmans,
les bouddhistes,
les hindouistes,
les shintoïstes,
les adventistes,
les panthéistes
les « témoins » de ceci-cela,
les satanistes,
les gourous,
les mages,
les sorciers,
les yogis,
les ardents,
les mous,
les qui coupent la peau de la quéquette aux petits garçons,
les qui cousent le pipi aux petites filles,
les qui prient à genoux,
les qui prient à quatre pattes,
les qui prient sur une jambe,

les qui ne mangent pas ceci-cela,
les qui se signent par la droite,
les qui se signent par la gauche,
les qui se vouent au diable parce que déçus de Dieu,
les qui prient pour que tombe la pluie,
les qui prient pour gagner au Loto,
les qui prient pour que ça ne soit pas le sida,
les qui mangent leur dieu en rondelles,
les qui ne pissent jamais contre le vent,
les qui ont la foi des charbonniers,
les qui ont la foi du patron,
les qui ont la foi parce que c'est plus convenable,
les qui vénèrent les reliques,
les qui se confessent et puis recommencent,
les qui font l'aumône pour gagner le ciel,
les qui lapident le bouc émissaire,
les qui égorgent le mouton,
les qui se figurent survivre en leurs enfants,
les qui se figurent survivre en leurs œuvres,
les qui ne veulent pas descendre du singe,
les qui bénissent les armées,
les qui bénissent les chasses à courre,
les qui brûlent les livres,
les qui commenceront à vivre après la mort...

Vous tous,
qui ne pouvez vivre sans un père Noël et sans un père Fouettard,
vous tous,
qui ne pouvez supporter de n'être rien de plus que des vers de terre avec un cerveau,
vous tous,
qui avez besoin de n'être pas nés pour mourir et qui êtes prêts à avaler tous les mensonges rassurants,
vous tous,

qui vous êtes bricolé un dieu « parfait » et « bon » aussi stupide, aussi mesquin, aussi sanguinaire, aussi jaloux, aussi avide de louanges que le plus stupide, le plus mesquin, le plus sanguinaire, le plus jaloux, le plus avide de louanges d'entre vous,

vous tous, oh, vous tous,

Foutez-nous la paix !

Faites vos salamalecs dans le secret de votre gourbi, fermez bien la porte, surtout, et ne corrompez pas nos gosses.

Foutez-nous la paix, chiens !

Inch' Allah !

Que Dieu existe ou non n'a aucune importance. Il ne s'ensuit aucune influence sur notre conduite.

Dieu, par définition, est inconnaissable. Sa nature et, à plus forte raison, ses desseins, ne nous sont pas accessibles. Si vraiment il existe et nous a voulus tels que nous sommes, c'est-à-dire incapables de le concevoir tout en étant torturés par la question de son existence et par celle de nos fins dernières, laissons-lui le soin de gérer tout cela. Il l'a créé ? Qu'il s'en démerde !

Comme une peau morte

J'avais neuf ans. L'année du catéchisme. Deux ans de caté pour nous préparer à la première communion. Le catéchisme procédait par questions et réponses. La première question était comme ça :

« Qu'est-ce que Dieu ? »

La réponse :

« Dieu est un pur esprit, éternel et incréé, infiniment bon, infiniment aimable, créateur et maître de toutes choses. »

Je fus tout de suite séduit, fasciné. Tout s'expliquait, tout s'emboîtait ric et rac, le monde avait une raison d'être, et moi aussi : mon salut. J'aimais bien que les choses fussent logiques, sans savoir que ça s'appelait comme ça. Avec Dieu tout là-haut, tout ça tenait bien ensemble, c'était du solide.

Il y avait bien quelques points où ça s'accrochait mal. L'abbé nous expliquait que c'étaient des « mystères », qu'il ne fallait pas chercher à comprendre, Dieu les avait voulus tels, l'intelligence qu'il avait donnée à l'homme, bien que très grande, était toutefois insuffisante pour comprendre les mystères, mais Dieu, avec son intelligence infinie, les comprenait parfaitement, lui, il s'en débrouillait très bien, on pouvait lui faire confiance.

Et bon, je lui faisais confiance. Même, cette idée de mystères m'enflammait l'imagination, un peu comme les contes de fées dont j'étais fort friand.

Nous allions au catéchisme le jeudi matin, qui était alors le jour de congé scolaire. Messe le dimanche, patronage le jeudi après-midi.

Ma première communion fut un bouleversement. Dieu était en moi ! Sous la forme du Fils, je l'avais absorbé, chair, sang, tout entier. L'hostie, c'était Lui, pas un symbole de Lui, mais Lui en personne, l'abbé nous l'avait expliqué et expliqué : c'était encore un mystère, le plus grand de tous, je ne cherchais pas à comprendre puisque c'était inutile, simplement je savais que cette rondelle qui me collait au palais et que je craignais de mordre (Blesser Jésus ! Horreur ! Sacrilège des sacrilèges !) était dans sa plénitude et dans sa gloire mon Sauveur et mon Dieu, je défaillais d'extase et de crainte sacrée (De faim aussi : j'étais à jeun depuis la veille, ainsi qu'il se doit).

J'étais un enfant intelligent. Peut-on être intelligent et continuer à croire ? Il paraît que oui, des tas d'exemples l'attestent. Alors, c'est que quelque chose perturbe, sur ce point précis, le fonctionnement normal de l'appareil à raisonner.

Quoi qu'il en soit, on ne peut pas croire toute sa vie au père Noël. Moi, en tout cas. Vint un moment où, à la première question du catéchisme : « Qu'est-ce que Dieu ? » j'eusse répondu par : « Le père Noël des grandes personnes. »

Je ne supportais plus ces « mystères » qu'on nous avait présentés comme portant sur des points accessoires et qui, en fait, je le voyais clairement désormais, escamotaient l'essentiel. La merveilleuse architecture logique de la foi était bâtie sur des échappatoires. Tout ce qui m'avait gêné obscurément mais que je m'interdisais d'approfondir m'était devenu insupportable.

La libération définitive, c'est à l'école que je la dois. L'école publique, laïque et obligatoire, c'est cela même.

Oh, on n'y combattait pas la religion, on ne la tournait pas en dérision, on n'y bouffait pas du curé ! Les instituteurs se gardaient bien de toute allusion.

Simplement, ils nous ouvraient l'esprit au raisonnement juste, au doute préalable, à la notion de preuve, de démonstration, de certitude raisonnable et toujours révisable ou perfectible, nous enseignaient à rejeter toute affirmation absolue et indiscutable, toute vérité indémontrable, respectable « parce que ça a toujours été comme ça ».

La discipline n'était pas très contraignante. Elle se bornait à exiger le minimum pour qu'une classe pût fonctionner : défense de bavarder ou de faire le pitre, nécessité d'écouter le cours ou du moins de ne pas perturber ceux qui écoutaient.

Les matières s'interpénétraient. Le souci du langage approprié était partout présent. L'écriture, et même le parler correct, ne se pratiquaient pas seulement dans les dictées et les compositions françaises. En maths aussi bien qu'en histoire, en géo ou en hist' nat', nous devions répondre aux questions, orales ou écrites, par des phrases en bon français, si possible élégantes, et répétant la question. Exemple :

— Combien y a-t-il d'embranchements dans le règne animal ?

Réponse :

— Il y a deux embranchements dans le règne animal : les invertébrés et les vertébrés.

Même dans un devoir de géométrie, les fautes de français « faisaient tomber » des points.

Ce n'était pas là mesquin acharnement de sous-offs de la culture, mais bien volonté de nous habituer à manier notre langue, et donc de raisonner, avec aisance et précision.

Exactitude, clarté, précision. « Faites des phrases ! Pas de mots isolés ! Pas d'onomatopées ! Des phrases : verbe, sujet, compléments ! Et le mot exact ! »

Ils n'eurent pas besoin d'arracher Dieu de moi. Il tomba bien tout seul ! Le besoin de clarté, de netteté, de libre examen dessèche Dieu, le fait s'éplucher comme une peau morte.

C'est cela, la laïque ! (Dois-je dire : « c'était » ?) A quatre ans, à la maternelle, nous commencions à tracer des bâtons sur une ardoise. A six ans, nous savions lire, écrire et faire de petites dictées. Nous faisions des additions et même des multiplications « à deux chiffres » !

J'ai le bonheur de posséder toutes mes photos de classe, maman les conservait pieusement. En tabliers noirs, alignés en rangs d'oignons, les petits devant, les grands derrière, le maître sur le côté, tout fier. J'ai compté. Année après année, de la maternelle jusqu'au cours complémentaire après le certificat d'études, nous n'étions jamais moins de quarante à quarante-cinq élèves.

Voilà pourquoi je ne suis pas devenu évêque.

Peu importe

Peu importe que la vie soit un accident, une chimie de hasard,

Peu importe que ce qui n'était même pas un point ait soudain explosé, que l'espace et le temps aient alors commencé, que champs et particules déchaînés aient poussé devant eux cet espace-temps au fur et à mesure qu'ils le créaient en se créant eux-mêmes,

Peu importe que se soient condensés galaxies et soleils, planètes et satellites,

Peu importe que quelques molécules se soient accolées en une première gelée vivante,

Peu importe que la vie ait empli les océans, et puis en soit sortie, et puis soit devenue crapaud, lézard, singe et enfin homme,

Peu importe.

Tu es là.

Au bout de tout cela,
Tu es là.

Tout cela s'est fait pour toi.
Ces milliards d'années, ces univers, ces hécatombes,
Tout cela pour aboutir à toi.
Et voilà : tu es là.

Tu n'es pas un « maillon de la chaîne ».
Tu es toi.
Toi tout seul.

Tu es un point infime de l'espace, un instant fugitif du temps,
Mais tu es toi.
Toi tout seul.

Tu n'es pas la continuation de ton père, ni du père de ton père, ni des pères des pères de tes pères.
Tu n'as pas demandé à être là,
Mais tu y es.
Tu es là,
Tu es toi,
Toi tout seul.

Tu ne dois rien à personne ni à rien.
Tu ne peux savoir pourquoi tu es là, ni si quelqu'un t'y a mis, pas même s'il y a un « pourquoi » ni s'il y a un « quelqu'un »,
Et qu'importe ?
Tu es là.

N'écoute pas les menteurs.
N'écoute pas les peureux.
N'écoute pas la peur au fond de toi,

N'écoute pas la tentation de la peur au fond de toi,
N'écoute pas les profiteurs de la peur.

Surtout,
Surtout,
Ne crois pas.
Ne crois en rien, jamais,
Ni par peur,
Ni par amour,
Ni par pitié,
Ni par faiblesse,
Ni par convenance.

Ne crois pas !

Qu'est-ce que Moïse est allé foutre sur le Sinaï ?

Toutes les religions ont une explication de la « création » du monde, tous les livres sacrés commencent par là.

Pas une seule religion n'a soupçonné quelle est la véritable forme de la Terre, la nature du ciel et des étoiles, les lois de la gravitation, les rapports entre la Terre, la Lune, le Soleil et les planètes, la constitution du corps humain, le rôle des micro-organismes dans les maladies, etc.

Tous les livres saints, dès qu'ils se mêlent d'expliquer ce monde créé par le dieu qu'ils exaltent, déconnent à perdre haleine.

Pourtant, cette cosmogonie, cette création de l'Univers et de tout ce qu'il contient, hommes compris — hommes surtout ! — fut révélée par la divinité même à l'individu prédestiné qui fonda la religion, soit directement, soit par l'entremise d'un messager divin (ange, dieu subalterne...).

Tout se passe comme si les dieux n'étaient pas plus instruits que les hommes ne l'étaient au temps où leur furent « révélées » les « vérités » fondamentales, comme s'ils avaient les mêmes peurs, le même désarroi, les mêmes préjugés qu'eux.

Tout se passe comme si les livres « sacrés », fondements intouchables de la foi, étaient les œuvres d'ignorants fumeux et prétentieux, d'illuminés en état d'excitation, de monomaniaques en proie à une idée fixe et n'en sachant pas plus sur la nature des choses que ce qu'en savaient les bonnes gens de leur époque.

Pour nous en tenir à notre vieux Yahvé occidental, puisque son Livre constitue la base des trois religions actuellement dominantes, pourquoi, lors de la fameuse entrevue avec Moïse sur le Sinaï, ne lui a-t-il pas révélé les lois de la gravitation, de la relativité, de la mécanique quantique, le vélo et l'automobile, le télescope et le papier tue-mouches, et tout ce que nous ne savons pas encore mais que nous entrevoyons, le Big Bang et la danse des particules, la genèse de la matière vivante, la cellule et le code génétique, et tout le reste, toute l'immensité de ce qui reste à découvrir ? Ça ne lui aurait pas coûté plus, à lui qui sait tout, que les solennelles conneries dans le genre « Je suis celui qui est », sur lesquelles rabbins, curés et exégètes n'ont pas fini d'épiloguer et de remplir de gros bouquins aussi creux que subtilement alambiqués.

Eh, mais, s'écrient les bons apôtres, justement ! C'eût été trop simple ! Où serait le mérite ? Il fallait que, peu à peu, étape par étape, en faisant usage de cette intelligence, de cette raison que Dieu lui avait données, l'homme découvrît tout cela par lui-même ! C'est par là que l'homme pouvait pleinement s'accomplir, accéder à sa vraie grandeur. Dieu lui donnait les outils. A lui de savoir s'en servir. A lui de soulever le voile, et, à chaque étape, d'y voir une manifestation de la gloire de Dieu !

Réponse à tout, quoi. Les mots ne coûtent pas cher.

Admettons. Mais pourquoi, au lieu de se contenter de les laisser dans l'ignorance initiale, à charge de, comme vous dites, devoir lever peu à peu le voile, s'est-il amusé à leur mentir ? A les lancer sur de fausses pistes avec défense de penser autrement ? Pourquoi cette histoire de création en six jours, de Terre plate, de Soleil et de Lune comme des quinquets à huile et d'étoiles accrochées au plafond ? Pourquoi ce premier homme pétri du limon, cette femme tirée d'une de ses côtes ? Pourquoi ce péché originel ? Pourquoi, sous d'autres cieux, cette Terre portée par quatre éléphants, eux-mêmes portés par je ne sais plus quoi ?

Mais c'est là pure allégorie, mon bon ! Elan mystique, poésie ! Il ne faut pas prendre cela au pied de la lettre. Les textes sacrés sont les plus beaux poèmes du monde ! Quand Dieu se fait poète, il peut bien se laisser aller au souffle de l'inspiration. Enfin, quoi !

Hmm... Trop facile. Moi je dis que rien, jamais, n'a été découvert par quelque religion que ce soit, et que quand un croyant découvrait quelque chose, c'était en dehors de ses activités de croyant. « Ce n'est pas notre rôle, protestent en chœur les religions ! Notre domaine, à nous, est la Foi, qui échappe à toute analyse comme à toute critique, qui n'a pas à se mêler de ces mesquins bricolages, qui se situe hors de la science et au-dessus d'elle, car la Foi transcende tout. »

N'empêche qu'aux temps de votre toute-puissance, religions, vous prétendiez tout expliquer, détenir une fois pour toutes la vérité, celle du Livre (il y a toujours un Livre !), et que vous avez toujours, tant que vous l'avez pu, de toutes vos forces, de tout votre hautain pouvoir, combattu pied à pied, par le fer des croisades, par le feu des bûchers, les efforts des hommes vers la connaissance rationnelle, que vous avez proclamé la science impie quand elle contredisait vos dogmes ou dérangeait vos calculs, quitte à la récupérer quand elle s'était, en dépit de vous, imposée.

Hymne

Si je croyais en Dieu,
Nom de Dieu,
Si je croyais en Dieu,
Je ne pourrais aimer personne
D'autre
Que Dieu.
Aimer Dieu, dis donc,
Aimer Dieu...
C'est autre chose !
Autre chose qu'aimer, tiens, une femme.
Il est pas bêcheur, Dieu.
Alors qu'une femme...

Si je croyais en Dieu,
Nom de Dieu,
Je L'aimerais tellement, tellement,
Que je banderais
Du matin au soir.
Je ne pourrais plus penser à autre chose
Qu'à Lui.
Je saurais qu'Il m'aime,
Puisqu'Il me l'a dit
Quand j'étais petit.

Dieu ne peut pas avoir menti.
Dieu peut tout, absolument tout,
Sauf mentir. Ça, il ne peut pas.

Si je croyais en Dieu,
Nom de Dieu,
Je ne ferais rien d'autre
Que croire en Dieu
En attendant le moment de Le retrouver.
Je vivrais juste assez pour ne pas crever,
Car Dieu n'aime pas qu'on se laisse crever.
Il aime qu'on meure de Sa main
Au moment par Lui choisi.
Alors on va Le retrouver
Et l'on reste avec Lui,
Toujours,
Toujours.
Ça s'appelle l'éternité.

Si je croyais en Dieu,
Nom de Dieu,
Je me foutrais pas mal
De gagner du fric,
De passer sous-chef,
De bronzer aux Bahamas,
De me taper des filles,
De gagner la guerre,
De manger sain et naturel,
De changer de slip,
D'être sondé par l'I.F.O.P.,
De me laver les dents,
D'avoir une super-bagnole,
De marcher dans le caca,
D'avoir la Légion d'honneur...

Si je croyais en Dieu,
Nom de Dieu,
Pour aller plus vite Le rejoindre,
Je ne me ferais pas curé,
Je me ferais assassin.
J'assassinerais un curé,
Un gros,
Peut-être le pape,
C'est le plus gros.
Et on rétablirait pour moi la peine de mort
A cause du crime tellement gros,
Et on me guillotinerait,
Et j'irais au ciel
Sans avoir à me suicider,
Car, ça, Dieu n'aime pas.

Et comme personne encore n'aurait fait ça,
Dieu serait tellement flatté
De cette preuve d'amour
Qu'Il me prendrait sur Ses genoux.
Et nous serions heureux,
Nom de Dieu,
Tous les deux,
Tous les deux,
Pour l'éternité.

Oui, mais voilà :
Je ne crois pas en Dieu.

Tant pis.

Petit chapitre pour lecteur croyant mais pas complètement irrécupérable

(Les autres, vous pouvez le sauter.)

Vous croyez en un dieu. Pardon, en Dieu. Bien.

D'autre part, vous admettez être doué de raison (vous en êtes même très fier) puisque vous lisez ceci et que déchiffrer de l'écrit et comprendre le sens des phrases implique l'usage de cette faculté nommée « raison ».

Vous proclamez que votre raison, comme toute chose au monde, a été créée par Dieu. C'est un don que Dieu vous a fait.

Ne dédaignez donc pas ce don de Dieu. Servez-vous de votre raison, ainsi honorerez-vous le donateur. Servez-vous-en intensément, exclusivement. Apprenez à l'utiliser au mieux de ses capacités. Apprenez à éliminer les influences caractérielles néfastes qui en perturbent le fonctionnement correct. N'écoutez pas les corrupteurs qui prétendent qu'il est d'autres moyens, moins fatigants, plus amusants, de parvenir à la certitude. Il ne saurait exister de certitude absolue, mais seulement une certitude raisonnable, et celle-là, justement, seule la raison peut y parvenir.

Et si votre raison, au bout du voyage, vous amène à la certitude raisonnable que l'hypothèse même de l'existence de Dieu est superflue, stérile et sans conséquence pour votre conduite de chaque instant comme pour votre attitude devant les problèmes de la connaissance, ne reculez pas devant le gouffre !

L'usage de cette raison, faculté imparfaite, certes, mais unique et irremplaçable (faut faire avec !) vous aura placé devant ce dilemme qui n'a rien d'angoissant :

Ou bien Dieu, qui m'a fait don de la raison, n'existe pas, ce qui serait une absurdité, ou bien, s'il existe, il me fait savoir par ce moyen qu'ayant donné une fois pour toutes l'impulsion au grand bazar avec ses lois et ses logiques, il ne veut plus, ou ne peut plus, rien y changer. Ce qui revient au même.

Le Dieu unique, un progrès ?

La notion d'un dieu unique n'est pas née avec le christianisme, pas même avec le judaïsme. Elle était déjà pressentie et même enseignée dans certaines communautés initiatiques de prêtres égyptiens, elle était prudemment diffuse dans les spéculations des philosophes de la Grèce. De par les vicissitudes de l'Histoire, c'est la version hébraïque qui devait s'imposer, portée à l'universalité par le prosélytisme de la secte juive hérétique des chrétiens, puis, concurremment, un peu plus tard, par le dynamisme guerrier des adeptes de la version syncrétique « révélée » à Mahomet.

Les religions massivement dominantes dans le monde actuel — christianisme, islam, judaïsme — ont en commun l'affirmation préliminaire qu'il n'est qu'un seul dieu. Toutes trois provenant, avec des variantes, d'une même source : la Bible hébraïque, ce dieu unique se trouve donc être le même pour les trois, avec quelques nuances folkloriques quant à sa nature, ses attributs, ses avatars et la façon dont il désire qu'on l'adore, nuances à la vérité infimes mais suffisantes pour entretenir des mépris, des haines, des fureurs et des massacres qui pendant des siècles ensanglantèrent la planète et n'en ont vraisemblablement pas terminé.

On a tendance à considérer le monothéisme comme un progrès. C'est d'ailleurs ainsi qu'on nous le présente, et non seulement les âmes pieuses, mais aussi certains rationalistes pleins d'un doux optimisme. Comme si « beaucoup de dieux » était un stade encore primitif, à peine un peu moins grossier que l'animisme naïf qui divinise tout et n'importe quoi, depuis la pluie jusqu'au mal de ventre, et comme si « un seul dieu » marquait l'accession à un stade plus évolué, plus dépouillé..., plus « rationnel » ! Mes rationalistes de tout à l'heure voient dans cette progression une marche vers une étape suivante qui serait « plus de dieu du tout » !

La foi en un dieu unique est au contraire, du point de vue du dégagement de l'esprit des séductions de l'irrationnel, une régression. La concentration du divin sur une personne unique (fût-elle bizarrement divisée en trois sans rien perdre de son unité, ainsi que le professent les chrétiens sans trop bien s'en dépêtrer eux-mêmes, mais les mots ne coûtent rien) n'a été un progrès que pour la caste des prêtres. Plus à se disperser sur des myriades de divinités hiérarchisées, spécialisées, éparpillant les lieux de culte, multipliant les jours de fêtes chômées... Un seul dieu, infini comme l'espace, éternel comme le temps, incréé, invisible, intangible, ineffable, partout présent, sachant tout, pouvant tout, unique créateur et responsable de tout, concentrant sur sa seule personne toutes les prières, toutes les espérances, toutes les actions de grâces... Toutes les offrandes ! Bien commode, non ?

Et l'immatérialité même d'un tel dieu, cette inaccessibilité, cette inhumaine perfection, qui le situent au-delà de toute description, de toute imagination, en faisaient un dieu de mystère et d'exaltation, ce « dieu inconnu » qu'avaient désespérément tenté d'approcher par l'extase et la transe sacrée les adeptes initiés aux cultes souterrains (mystères d'Eleusis, entre autres...). La seule idée de ce dieu pour ainsi dire abstrait, de ce « pur esprit », comme dit le catéchisme, ce regard sans yeux, cette immensité bleue remplie de lui, comment cela ne porterait-il pas au vagabondage intime dans les espaces éthérés, à cet état d'excitation mentale, terreur et délices, amour, abandon, qu'atteignent les « grands mystiques » et les vieilles demoiselles ?

Un dieu unique, sans visage mais partout présent, porte beaucoup plus facilement au fanatisme qu'un Olympe grouillant de fesses roses et de nichons coquins, fleurant le patchouli et la déesse en chaleur. Le harem ne suscite pas l'amour passion. Le mystère, si.

Yahvé, Jésus, Allah ne sont pas des dieux folâtres. Tous trois sortis de la Bible, livre dégoulinant comme un abattoir du sang des massacres ordonnés et bénis par un dieu jaloux, vindicatif et s'en faisant gloire, ils professent une morale d'adjudant-chef. Jésus, le seul des trois qui se proclame « dieu d'amour » et qui va jusqu'à conseiller benoîtement de tendre la joue droite si l'on vient de te frapper sur l'autre, a patronné plus de tueries, de tortures, de bûchers et d'exterminations de peuples que les deux autres réunis et qu'aucun autre dieu avant lui. Tout simplement parce qu'il fut le dieu de nations conquérantes, cupides et ayant eu avant les autres les moyens matériels de satisfaire leur avidité impérialiste.

Le christianisme, pas plus que le judaïsme, l'islam ou le communisme (cette religion sans dieu), n'a modifié la conduite des peuples ni des individus qui les mènent. Conquêtes, massacres, pillages, déportations, asservissement, triomphe du plus fort ou du plus fourbe, l'Histoire, depuis deux mille ans, ne pourrait être plus sanglante, plus cynique, plus amorale qu'elle n'est.

Si le monde occidental était, depuis l'Antiquité jusqu'à nos jours, resté païen, qu'y aurait-il de changé ? Rien. Nous en serions au même point. Peut-être sensiblement plus avancés dans les sciences, la terrible et interminable régression chrétienne du Moyen Âge nous ayant été épargnée, ainsi que l'étouffoir musulman actuel. L'Histoire présenterait une succession analogue de combats de chiens enragés pour le pouvoir, pour la richesse, et une analogue mêlée sanglante de peuples fanatisés ou écrasés... J'oserais même avancer que l'acharnement eût peut-être été un peu moindre, les Croisades nous ayant été évitées ainsi que toute velléité de guerre sainte ou patriotique (la patrie, dieu moderne, n'est pas le moins sanglant). Les religions « du Livre » n'ont rien changé aux pulsions innées des individus, à leur cupidité, à leur agressivité, à leur goût du risque, à leur besoin d'aventure, de vaincre, d'humilier le vaincu, de le dépouiller, de le voir souffrir et crever. Tout au plus ont-elles justifié leurs crimes au nom de la foi.

Quelles que soient la sincérité et même l'ardeur de leur foi, les croyants se conduisent exactement comme s'ils ne croyaient pas. Ils disent leurs prières (s'ils les disent !), vont à la messe, au prêche ou à la mosquée, s'abstiennent d'utiliser une capote anglaise ou de manger du cochon selon ce que leur défend leur Grand Gourou, mais à part cela luttent âprement pour conquérir puissance et richesse ou pour assouvir une vengeance, s'intéressent passionnément à des futilités, se saoulent la gueule, vont à la guerre et tuent ceux d'en face puisque les chefs leur ont ordonné de le faire et que Dieu est toujours d'accord avec les chefs.

Ils ont beau être intimement persuadés que la vraie vie commence après la mort, ils se conduisent comme des gars pour qui n'existe que la courte vie terrestre, et bien décidés à en profiter.

Même, chacun vit l'instant comme si, lui, il ne devait jamais mourir.

Fiche signalétique

Dieu est un névrosé narcissique : il a créé les hommes tout spécialement pour se faire adorer.

Dieu est un prétentieux mégalomane : il ne s'offusque pas de ce qu'on le couvre de louanges ridiculement exagérées.

Dieu est un taquin sadique : il crée les hommes faillibles et il les punit s'ils pèchent.

Dieu est un joueur : il nous donne le libre arbitre, et puis il fait des paris : péchera ? péchera pas ?

Dieu est un tricheur : il donne à certains de ses chouchoux la grâce, comme ça il sait d'avance qui gagnera.

Dieu est un menteur : il se prétend infiniment bon alors qu'il a fait de notre vie une partie de « flipper » où l'on a peu de chances de ne pas tomber dans le trou, c'est-à-dire dans le malheur ou dans le péché, et en tout cas avec la mort au bout.

Dieu est un ignorant : il ne savait pas que la Terre est ronde, ce sont les hommes qui le lui ont appris.

Dieu a un goût de chiottes : il aime à l'excès les dorures et le clinquant, ses temples sont des entassements de pâtisseries, ses prêtres des déguisés de carnaval.

Dieu est un fourbe : il donne le double exemple de la fécondation artificielle et de l'adultère en engrossant la femme d'un charpentier par l'entremise d'un ange messager, et après il interdit l'usage de l'une et de l'autre.

Dieu est un obsédé sexuel : il attache une importance morbide aux histoires de cul.

Dieu n'est pas tout-puissant : entre autres, il ne peut pas supprimer le passé et il ne peut pas se supprimer lui-même.

Dieu est raciste : il a, aussi longtemps qu'il a pu, refusé une âme aux gens de couleur, qu'on pouvait donc vendre, acheter et traiter comme des animaux.

En résumé, tout se passe comme si Dieu avait été créé à sa propre image par un homme très bête, très peureux, mesquin, cruel, vindicatif et prétentieux.

Le Dieu unique... (suite)

Au seizième siècle, la Réforme de Luther et de Calvin, sans remettre en cause les fondements essentiels de la religion chrétienne, fut un sursaut contre le pharisaïsme et la vénalité de la toute-puissante hiérarchie catholique, contre les plus gênantes invraisemblances du dogme, et aussi contre ce néo-paganisme larvé qu'était l'éparpillement de la dévotion des fidèles sur des cultes parasites voués à des myriades de saints devenus en fait des dieux mineurs, agissant davantage par eux-mêmes qu'en intercesseurs auprès du grand patron.

Les nombreuses églises réformées qui procèdent de Luther, de Calvin ou d'autres initiateurs présentent effectivement une simplicité, une rigueur, voire une austérité contrastant avec l'accumulation des « mystères » des dogmes catholique ou orthodoxe, en même temps qu'une réduction au strict minimum des actes rituels exigés des fidèles (ce qui est également le cas de l'islam).

Ainsi épurées, débarbouillées d'un fatras de superstitions ridicules, ces versions du christianisme apparaissent à l'observateur épris de progrès comme plus raisonnables, voire plus « rationnelles ». C'est-à-dire plus acceptables pour la raison. Là encore, une sorte d'étape vers une religion tellement épurée qu'elle bannirait jusqu'à la notion de culte, sinon jusqu'à la notion de Dieu !

C'est oublier que Luther abominait la raison, « cette putain du diable » alors tout juste remise en honneur par le mouvement humaniste qui précéda la Renaissance et qui s'opposait au dogmatisme bêlant de la scolastique aristotélicienne qui pesa sur tout le Moyen Âge. C'est oublier que Calvin fut un fanatique qui n'épura la foi que pour mieux l'exalter.

Plus le mythe s'épure et se condense, plus le mysticisme se renforce. Voir le fanatisme des myriades d'églises folkloriques des Etats-Unis, leurs « témoignages » publics délirants, plus justiciables de la psychiatrie que de la théologie... Voir les intégristes musulmans...

Définition

Je flétris du nom de « cul-bénit » (avec un « t », comme « eau-bénite ») quiconque croit en quelqu'un ou en quelque chose,

Quiconque conjugue le verbe « croire » à la première personne du singulier et au temps présent du mode indicatif. Exemple : « Je crois »,

Quiconque ne peut supporter qu'il existe des choses qu'il ne comprend pas, et qui compense cette ignorance par une foi, quelle qu'elle soit.

Une foi peut être aussi bien une billevesée philosophique ou un système utopique qu'une révélation religieuse. Le communisme est une foi, puisqu'il pose en dogme les élucubrations de Hegel, les directives de Marx, les mots d'ordre de Lénine... Là où la pensée se fige en dogme, il y a foi. Là où il y a foi, il y a culs-bénits.

Quiconque a foi « en la science », « en l'homme », « au progrès », « en la paix », etc., est un cul-bénit. Ou alors, qu'il s'exprime autrement.

Respect

Il est bienséant d'affirmer, généralement en préambule à une attaque en règle : « Je respecte votre foi (vos idées), même si je ne la (les) partage pas. » C'est bien joli, bien convenable, ça fait tolérant, adversaire chevaleresque, homme du monde, tout ça, tout ça, on est entre personnes civilisées, n'est-ce pas, chacun parlera à son tour et commencera par saluer celui qui vient de parler, l'assurant avant tout de son profond respect pour ces idées, pour cette foi, qu'on ne saurait pourtant partager, qu'on se propose même de démolir de fond en comble.

Alors, ça veut dire quoi, « je respecte » ? Qu'est-ce que le respect vient faire là-dedans ? Que serait donc « ne pas respecter » ? Cracher à la gueule du contradicteur ? Insulter ses père et mère ? L'envoyer se faire niquer à sec par les féroces niqueurs du Haut-Oubangui ?... Bien évidemment non. Du moins, si de telles choses sont secrètement souhaitées, elles ne seront pas formulées. Par contre, si j'estime que vos propos sont pures divagations, sophismes pernicieux, opinions tordues, bavottis de catéchisme, négations de l'évidence, insultes à la raison, vaticinations « inspirées », rabâchages de « traditions », bref, purs et simples actes de foi, je ne les respecterai certes pas !

Respecter des inepties ? Respecter l'asservissement de la

seule faculté pleinement humaine que nous possédions, cette raison qui, c'est à la mode, fait ricaner les imbéciles (lesquels, justement, en sont dépourvus, ou ne savent pas s'en servir), l'asservissement, dis-je, de la sublime raison aux vieilles terreurs des temps du marécage, au besoin de consolations illusoires, à l'attrait d'un merveilleux de pacotille pour foules bêlantes ? Ah, non !

Respecter les croyants, c'est-à-dire ne pas pisser dans le bénitier, résister à l'envie de retirer prestement le prie-Dieu au moment où l'ouaille s'agenouille, ne pas crier « Croâ ! Croâ ! » devant la procession, ça, je peux le faire. (Bien obligé ! On ne brûle plus tout vifs les mécréants ricanants, mais on peut toujours, quand on est le nombre, leur casser la gueule, et bon, rentrer tous les soirs le nez tuméfié, c'est pas une vie. D'ailleurs, le temps des bûchers peut toujours revenir, savez-vous ?) Mais respecter sincèrement, du fond du cœur, la connerie triomphante ? Ce serait admettre que votre opinion est aussi valable, aussi probante que la mienne, et, dans ce cas, pourquoi me cramponnerais-je à la mienne et vous à la vôtre ?

Les croyants (de la variété chrétienne catholique romaine, tout au moins) se sont faits de nos jours tolérants, compréhensifs, tendant vers l'œcuménisme à pompons et la mansuétude à clochettes. C'est tout simplement qu'ils en avaient senti le besoin, et quand le Concile fameux, d'un trait de plume, autorisa soudain et même imposa une flopée d'accommodements à cause desquels, pendant des siècles, avaient été persécutés, brûlés vifs, étripés, anéantis, des individus, des peuples et des provinces, c'était de sa part pur opportunisme et lâcher de lest, la bondieuserie étant alors en pleine perte de vitesse en nos régions un peu moins arriérées que d'autres. Il est vrai que le mouvement s'inverse actuellement. Un pape de fer dans un gant de boxe relance vigoureusement les ouailles dans le sens de l'intransigeance musclée et s'est juré de ne pas lâcher la rampe avant d'avoir reconquis point par point tous les abandons « modernistes » du diktat de Vatican II. L'Eglise s'était faite pateline un peu trop tôt, peut-être. Elle n'avait pas su attendre l'inévitable retour du pendule ni prévoir les imminents bouleversements de la politique à l'est de l'Europe (auxquels elle avait pourtant puissamment aidé), non plus que l'avenir triomphal qui s'ouvre là-bas pour une foi pure, dure et conquérante avec beaucoup de dorures et de cantiques autour, fer de lance et symbole de la réaction radicale contre le régime athée abattu.

Je ne respecte pas plus les divagations des « grandes » religions ayant pignon sur rue (grandes par le nombre, ce nombre qu'elles ont toujours conquis par le fer et par le feu : la répartition géographique actuelle des cultes est l'exact reflet de leur expansion militaire en leurs époques conquérantes) que celles des illuminés et des escrocs (l'un n'empêche pas l'autre) de l'occultisme, de la voyance, de l'astrologie et de tous les autres consolationnismes exploiteurs de pauvre monde. Intégristes purs et durs ou pratiquants machinaux, prophètes aux yeux fous ou bonnes sœurs au grand cœur, si je me résigne à leur existence (« Faut bien que tout le monde vive », paraît-il), je ne « respecte » absolument pas leurs « idées » et j'abomine leur action.

Plus que tout, peut-être, j'exècre ces façons chattemites, dans le vent, va-t-au-peuple, va-t-aux-jeunes, à la Taizé... Ce bon dieu laxiste qui, bof, fait semblant de tolérer les autres bons dieux parce que, au fond, ce sont d'autres lui-même, n'est-ce pas, d'autres aspects de lui vus sous d'autres angles, l'essentiel est qu'on adore... Il excuse même les tièdes, les baptisés-mais-non-pratiquants, les qui se marient à l'église et font faire la communion au gosse à cause de la famille... Ce bon dieu papelard déguisé en baba-cool, ce bon dieu rocker au sourire Colgate, ce gros malin de bon dieu aux astuces de vieux renard de la publicité, qui finira par gagner, y a pas de raison, la publicité fait vendre, aussi conne, aussi pute, aussi flatte-con soit-elle. (Tu peux même dire : « Plus elle est conne, etc., plus elle fait vendre. »)

Crois !

O aveugle !
O destructeur de toi-même !
Il est un chemin, et tu ne le vois pas.
Tu ne le vois pas parce que tu ne veux pas le voir.

Crois :
C'est le chemin.

Crois qu'il y a Autre Chose.

Autre chose qu'un tube digestif
Qui ne sera un jour, bientôt, que pourriture,
Autre chose qu'un éclair dérisoire
Entre deux néants.

Crois !

Crois, et tu seras sauvé.

Crois
En n'importe quoi,
Et tu seras sauvé.

Crois
En Dieu, en l'Homme, en ta Mission, en Toi-Même,
Crois,
Et tu seras sauvé !

Oui,
Mais croire est un remède
Qui ne fonctionne
Qu'à la condition
Qu'on ne sache pas
Qu'il n'est que ça :

Un placebo.

Liberté de conscience

Ce qu'on a appelé « liberté de conscience », au long de l'Histoire, c'est la liberté, pour les insatisfaits du culte officiel massivement majoritaire dans un certain pays, de pratiquer une religion différente, généralement simple version légèrement déviante du culte officiel, à proprement parler : une hérésie.

Il n'a jamais été question de liberté de conscience pour les non-croyants. Quand le protestantisme version Calvin se fut imposé à Genève comme religion dominante, le simple soupçon d'athéisme vous conduisait au bûcher plus sûrement que la persistance dans la religion catholique, devenue à son tour « hérésie ».

Aujourd'hui encore, surtout hors de France, ne pas croire en une version quelconque de Dieu est proprement impensable. L'athée est regardé avec une certaine répugnance, comme une espèce de monstruosité, d'ébauche humaine inachevée à qui il manquerait une faculté essentielle.

Les non-croyants n'attachent pas assez d'importance aux questions religieuses. Leur conviction qu'il n'existe aucune entité transcendante, ou qu'il est oiseux de se poser la question, et qu'en tout cas notre conduite n'a pas à en tenir compte, entraîne une attitude de désintérêt, de passivité et de laisser-faire. Un croyant axe sa vie sur sa foi. Un non-croyant ne va pas l'axer sur sa non-foi ! Qu'est-ce que ça voudrait dire, d'abord ? Il se contente de ne pas aller aux offices, de ne pas prier, de ne pas perdre son temps et son ardeur à des billevesées. Il ne va pas non plus passer sa vie à clamer son impiété, à essayer de démontrer l'inexistence de Dieu. Il a mieux à faire. Disons que, de ce point de vue, l'incroyance est statique. Alors que la foi est dynamique, la vache !

Liberté de conscience ? Soit. Si cela signifie que chacun peut cultiver les idées les plus aberrantes et pratiquer tels ou tels rites consolateurs et exaltants, pourquoi pas ? Tant que cela reste intime, aussi intime que les fantasmes farfelus qu'on garde tout au fond de soi...

Mais si cela signifie que des gens gouvernés par une vision délirante du monde, sous prétexte que leur mythologie est massivement majoritaire, jouissent pour propager leurs foutaises de facilités, de privilèges, qui sont refusés au petit nombre s'obstinant à ne pas croire au père Noël, je ne marche plus ! Et penser qu'un type pénétré de la vanité de la vie « terrestre » et obéissant aux ordres d'un gourou lointain pour faire son « salut éternel » peut devenir chef d'Etat et disposer de ma vie, je trouve cela effrayant.

Heureusement, il est avec le ciel des accommodements, et leur conduite est bien rarement en accord avec leurs livres sacrés. D'ailleurs, les livres sacrés, on leur fait dire ce qu'on veut.

Du bon de l'éducation religieuse

La religion est une anomalie. Une maladie du corps social. Une monstruosité. Mais elle existe. Elle est même universelle, comme les poux : il paraît qu'on n'a jamais trouvé de vestiges d'une société humaine, aussi primitive fût-elle, qui ne présentât point de symptômes de religiosité. (Les curés en tirent argument. Pour ma part, j'y vois surtout confirmation que les cons ont toujours été le plus grand nombre.) La religion, donc, existe. Au même titre qu'existent la guerre, l'avarice, l'injustice, l'envie, le vol, le sida, le cancer et autres véroles tout à la fois sociales (pour l'observateur) et individuelles (pour qui les reçoit sur la gueule).

La religion, comme n'importe quel autre phénomène soumis à notre attention, demande à être étudiée objectivement, impartialement. C'est-à-dire de l'extérieur.

Oui, mais... La religion, étant chose en grande partie subjective, doit, pour qu'en soient compris le mécanisme de séduction et l'emprise sur le psychisme, être ressentie par l'observateur. Qui, du coup, n'est plus objectif ni impartial... Si j'ose me permettre, voilà que joue, comme en physique des particules, le principe d'incertitude de Heisenberg ! A ceci près que ce n'est plus l'objet observé qui est perturbé par l'observation même, mais l'observateur… Dilemme. Cependant les physiciens s'en sortent et font avec, au prix de quelques sacrifices théoriques. Pourquoi ne nous en sortirions-nous pas ?

Quiconque n'a pas reçu une éducation religieuse, sous quelque variété folklorique que ce soit, quiconque n'a pas connu le frisson religieux, ne peut rien comprendre à la fascination du monstre, au danger religieux. Il ne peut y avoir de véritables militants antireligieux conscients et informés que parmi ceux qui ont connu l'initiation religieuse, je dirai même : que parmi ceux qu'a effleurés l'extase mystique.

On peut dire que l'éducation religieuse reçue dans les jeunes années est une pierre de touche : les bons pépères bien conformes avalent sans grimace la variété de bouillie en usage dans leur tribu, s'en gavent, s'y vautrent, comblés, bien tassés bien au chaud au sein du groupe compact, ayant trouvé réponse d'avance à toutes les questions angoissantes qu'ils risquaient de se poser un jour ou l'autre, de surcroît ayant même, ô luxe, trouvé un sens à leurs petites vies ! Ils n'en démordront plus. Heureux les simples d'esprit !

Les autres — le petit, tout petit nombre ! — prennent tôt ou tard la mesure de l'absurdité du mythe « révélé », qui donc n'a pas à être démontré, s'insurgent devant ses contradictions, renâclent, n'admettent pas d'abdiquer leur raison au nom de la « foi » du groupe, deviennent rationalistes à tout crin ou, tout au moins, sceptiques. Les athées les plus actifs sont tous passés par le catéchisme, quand ce n'est pas par le séminaire.

La religion est une drogue — L'opium du peuple, mais oui, tu avais raison, Karl ! Allons, coucouche panier ! Il faut en avoir usé pour en connaître les effets. Je sais que l'héroïne procure une euphorie à nulle autre pareille. Je le sais parce que je l'ai lu, les effets ont été maintes et maintes fois décrits, je peux essayer de les imaginer, je ne peux cependant pas en ressentir l'effet exact, n'en ayant jamais pris. Il en va autrement de la religion. Là, je sais.

J'ai été un enfant docile, ce que disait l'abbé m'était tout à la fois convaincant et délicieusement effrayant, j'ai connu plusieurs années de foi ardente. Cela m'a passé. On ne peut pas toujours croire au père Noël. Les cerveaux normalement constitués, je veux dire. Hélas, ceux-là sont rares. La norme, ici, c'est l'anomalie. L'homme moyen est plus évolué que l'animal le plus évolué, certes, mais ce n'est pas encore assez. Il a la raison, mais il a peur de s'en servir. Au lieu de laisser de côté les questions angoissantes mais (provisoirement ?) hors de portée de sa raison, il préfère leur donner les réponses rassurantes, consolantes et chatouillant son besoin de merveilleux que lui fournissent en confection standard les marchands de ça qui ont pignon sur rue dans son coin du monde.

Le recul de l'école des bons pères devant l'école laïque-gratuite-et-obligatoire a, paradoxalement, engendré, non des cohortes d'athées résolus ou d'agnostiques impavides, mais une tourbe d'indifférents. On pourrait fort bien vivre dans l'indifférence vis-à-vis du phénomène religieux, et même l'ignorer totalement, si les religions n'existaient pas. Hélas, elles existent, les salopes, et en ce moment redressent la crête, redeviennent conquérantes, exigeantes, et de nouveau servent de prétexte aux massacres... En attendant de justifier « moralement » les dictatures. Les indifférents n'en voient pas le danger : les curés sont des gens « bien », font la charité, ont de la morale. Mère Teresa et l'abbé Pierre sont des symboles plus souvent exhibés que Monseigneur Daniélou.

Alors ? L'éducation religieuse étant, par son absurdité même, la meilleure pépinière d'esprits libres, ne devrait-on pas se réjouir de voir les curés et leurs ouailles dévorer à grandes mâchoires l'école laïque ? Le petit nombre d'élus ne justifie-t-il pas l'abrutissement de la masse ? Bien sûr, je m'amuse. La masse est reine et, surtout, conforme, opportuniste. C'est elle qu'on flatte et qu'on séduit, nous vivons sous la loi du con triomphant, le meilleur baromètre de la chose étant le niveau des émissions de télé qui font sauter l'audimat et le ton des publicités qui s'accrochent à leur cul.

L'école laïque ne sait plus, ne veut plus l'être, laïque. Laïque pure et dure. Elle louvoie, discutaille, esquive les horreurs des Croisades, évite l'Inquisition, exalte « sainte » Jeanne d'Arc, glisse sur la Saint-Barthélemy... Au nom de la paix religieuse. Ne pas troubler les fragiles jeunes âmes... ni, surtout, les grandes gueules des parents-beaufs. Comment pourrait-elle interdire le voile musulman quand elle tolère les ostensibles jeannettes, « cadeaux de première communion », et les arrogantes étoiles de David ?

Devra-t-on donc crier « Vive l'école des curés ! » massivement formatrice de cons sectaires et bien soudés, mais aussi — bien malgré elle — formatrice de très rares et très précieux moutons noirs, de Voltaire, de Diderot, de Renan, de Taine... ? Qu'importe le gros tas de pâte, pourvu qu'on ait le grain de levain ?

Ou peut-être suis-je encore trop optimiste ?

Œcuménisme

Qu'ont en commun les inquisiteurs, les brûleurs de sorcières, les massacreurs de populations au nom de la foi (soixante mille égorgés lors de la prise de Jérusalem pendant la première Croisade), les bénisseurs d'armées, les pendeurs d'hérétiques, les incitateurs à l'assassinat pieux, les lapideurs de femmes adultères, les qui vont-à-la-messe, bouffent du foie gras et laissent un abbé Pierre leur astiquer la bonne conscience en se faisant le bouc émissaire de la charité ?

Ils ont en commun le mot clé de tous les culs-bénits :

AMOUR

Darwin contre catéchisme : match nul

Aux Etats-Unis, pays, comme nul n'en doute, à l'extrême pointe du progrès, pays, en tout cas, qui donne le ton et l'impose au monde béat, le créationnisme, en ce moment même, reprend, comme disent les Français, du poil de la bête.

Qu'est-ce que le créationnisme ? Une école de pensée qui prétend ne se fonder que sur la Bible, prise strictement au pied de la lettre, pour expliquer la formation et l'évolution de l'Univers avec tout ce qu'il contient, notamment l'homme.

Le créationnisme s'en tient donc aux six jours de la Création par Dieu tel qu'il est dit aux premiers chapitres de la Genèse, niant absolument toutes les théories cosmologiques, géologiques ou biologiques qui pourraient contredire le dogme, puisque celui-ci est la parole de Dieu en personne. Darwin, en particulier, avec son transformisme faisant descendre les espèces vivantes les unes des autres et réduisant l'homme à un simple avatar de l'évolution biologique, est vomi comme une émanation du diable. Dieu a tout créé, tout ce qui existe, tel que nous les voyons, une fois pour toutes, « chaque être selon son espèce », et si la science démontre le contraire, la science a tort, les prétendues preuves irréfutables sur lesquelles elle se fonde ne sont que pièges malicieusement placés là par le démon, lequel passe son temps à induire les hommes en erreur, avec la permission de Dieu, cela va sans dire, puisque rien ne se fait qu'il ne l'ait voulu.

Et donc les créationnistes, partout où ils se sentent en force, exigent que l'Etat, dans les écoles primaires et les lycées (ou dans ce qui en tient lieu aux U.S.A.), impose, par une loi, que la version biblique soit enseignée parallèlement à la version évolutionniste, et en temps égal. Ce n'est, bien entendu, qu'un premier pas. S'ils le pouvaient, ils exigeraient tout de suite l'interdiction pure et simple de l'enseignement du transformisme impie. Ça viendra, ils y comptent bien. Pour l'instant, ils se contentent d'une parité présentée comme un partage loyal et équitable : moitié-moitié.

Equitable ! Autant de temps pour bourrer le crâne malléable des enfants de billevesées archaïques nées de la peur et du désarroi de malheureux primitifs se fabriquant tant bien que mal des mythes rassurants, et autant de temps pour tenter d'ouvrir leurs jeunes cerveaux à la connaissance, au doute fécond, à la stimulante curiosité, à l'usage correct de la raison, à la vision lumineuse et cohérente de l'architecture du monde construite par des siècles de travaux opiniâtres et de coups de génie aux prolongements inouïs !

Mais alors, si, au nom de la « liberté » — liberté de professer et même d'imposer n'importe quel ramassis d'inepties pour peu que l'antiquité de ce fatras et le nombre de ses adeptes lui donnent droit de cité —, si, donc, au nom de cette « liberté », les quakers barbus et tous les sinistres évangélistes obtiennent cette équivalence d'enseignement, les autres sectes officiellement recensées devront l'obtenir aussi, il n'y a pas de raison, et donc avoir le droit d'enseigner dans les écoles publiques, en temps égal à celui des tenants de la science laïque, mais égal aussi à celui des créationnistes chrétiens, leurs propres conceptions « sacrées » de la création du monde et de la genèse de l'humanité !

Il n'y a pas que les religions du « Livre », que diable ! Chrétiens de toutes obédiences, Juifs et musulmans, bien que divergeant après un certain nombre de pages, sont à peu près d'accord quant aux premiers chapitres, et il se trouve que ce que nous nous plaisons à nommer « l'Occident », avec à sa tête les prestigieux Etats-Unis, a été, de gré ou de force, au long de l'histoire, catéchisé par tels ou tels sectataires d'une des versions du « Livre » majuscule. Mais on oublie trop que chrétiens, Juifs et musulmans ne représentent, au mieux, qu'un milliard et demi à deux milliards d'humains sur cette planète qui en compte plus ou moins cinq milliards ! D'autres religions, et non des moindres, enseignent d'autres fariboles, non moins vénérables, non moins « sacrées ». Ces créationnistes-là n'auraient pas plus cure de Moïse que de Darwin. Pourquoi n'exigeraient-ils pas, au nom de la liberté de conscience, qu'un temps de cours égal aux autres soit consacré à révéler aux enfants ravis que le monde est un immense disque plat, porté par quatre éléphants colossaux, eux-mêmes debout sur une tortue géante en train de dormir sur une fleur de lotus fraîche éclose ? Ce ne serait ni plus ni moins respectable que les élucubrations de la Bible, et plus rigolo...

Les hindouistes sont près d'un milliard, les bouddhistes aussi, les shintoïstes japonais ont essaimé dans le monde entier, surtout le long des côtes du Pacifique, les chamanistes et tous ceux que l'on entasse en vrac sous l'étiquette « animistes » représentent encore pas mal de monde, éparpillé par-ci par-là... Si les religions dites « du Livre » tiennent le haut du pavé, elles ne le doivent qu'à l'impérialisme des conquistadores et des banquiers, non à une plus véridique approche du grand mystère. Si les Juifs sont restés Juifs et les Hindous brahmanistes ou bouddhistes, par contre les nègres américains, issus des esclaves évangélisés de force par les pieux colons négriers, sont chrétiens...

Il va de soi que les bigots enragés présentent leur « créationnisme » comme une science à part entière, non comme une piteuse guenille à jargon pseudo-scientifique camouflant leur véritable et profonde motivation : la foi, la foi aveugle, la foi imbécile et fière de l'être, la foi qui n'en a rien à foutre de la cohérence et de la raison. Eux SAVENT, parce que c'est écrit dans le Livre et que Dieu a dicté le Livre, ce sont ses prêtres qui le leur ont dit. Eux ont besoin, désespérément besoin, de CROIRE. Besoin que les choses ne soient pas que ce qu'elles sont. Incapables de saisir le merveilleux quotidien du réel, il leur faut un merveilleux à leur portée, un merveilleux de conte de fées, un merveilleux de père Noël et de barbe blanche, un merveilleux de pacotille à la Walt Disney, un merveilleux infantile, débile, humiliant, mais CONSOLANT.

D'abord croire, ensuite tordre les faits pour qu'ils entrent, vaille que vaille, dans l'interprétation délirante de la secte. J'appelle « secte » toute religion, petite ou grosse. Une religion dite « universelle » n'est qu'une secte qui a réussi, commercialement parlant.

Encore Darwin

Darwin et les évolutionnistes n'ont pas conçu leur système contre l'Eglise. Ils ne se sont pas torturé l'imaginaire dans le seul but de faire pièce aux enseignements du Livre. Ce n'est pas malignité de leur part si des observations impartialement menées et interprétées amènent à la certitude que l'Univers actuel s'étire depuis quinze milliards d'années, que la Terre s'est agglomérée depuis presque aussi longtemps, que les êtres qui vivent à sa surface descendent les uns des autres et tous, très probablement, d'une cellule unique ou de quoi que ce soit d'encore plus rustique qu'une cellule. Darwin était croyant, il était même fils d'un pasteur, nul esprit d'animosité à l'égard de l'Eglise ne l'animait. Il constatait, il comparait, il tentait de déduire, c'est tout.

Les créationnistes, eux, ont un a priori : leur foi aveugle en un livre prétendument « sacré ». Ils ont d'avance décidé que le Livre — la parole de Dieu — ne peut pas avoir tort. L'homme ne peut pas être un avatar d'une série animale. L'homme est à l'image de Dieu, et si certains grands singes lui ressemblent de bien près, c'est que Dieu l'a voulu ainsi, on ne sait trop dans quel dessein, ou peut-être sont-ils l'œuvre du démon, toujours prompt à défigurer l'œuvre divine.

Sentant la nécessité de ne pas se borner à rabâcher le dogme, les « modernes » créationnistes s'abaissent aujourd'hui jusqu'à condescendre à argumenter « scientifiquement ». Mais leurs pauvres démonstrations ne sont qu'enfilades d'ergotages de points de détail, tentatives désespérées de nier l'éclatante évidence. Leur position est polémique, leurs arguments des pastiches de la démarche rationnelle qui ne peuvent convaincre que des ignorants aveuglés par leur besoin de croire. La foi transcende la raison, la foi méprise la raison, elle la singe pour mieux l'étrangler.

Mais le seul fait que la foi en soit réduite à singer la raison, c'est plutôt bon pour la raison, non ?

Cujus regio, ejus religio

En somme, on a la religion du pays (plus exactement : du groupe social) dans lequel le hasard vous a fait naître. Comme pour la langue. De même qu'on parle sa langue maternelle, on pratique sa religion maternelle. On adore, si j'ose me permettre, son dieu maternel. Ce dieu qui nous a été coulé dans l'oreille en même temps que les premiers mots de la langue.

La dépendance due aux jeux facétieux du hasard, à l'arrangement aléatoire des gènes, aux caprices de l'histoire, de la géographie et aux bonnes vieilles habitudes familiales est même beaucoup plus contraignante dans le cas de l'orientation religieuse du bonhomme qu'en ce qui concerne sa langue. Il pourra, au gré des vicissitudes de l'existence, acquérir une langue étrangère, voire plusieurs, en sus de sa langue maternelle, et, pour peu qu'il soit doué, les parler à la perfection, alors que, sauf exceptions rarissimes, sa religion restera celle de ses premières années, et qu'en tout cas il n'en pratiquera qu'une seule à la fois.

Des théologiens aussi innombrables qu'éminents, des Pascal, des Fénelon, des Bossuet, des Lacordaire, pour ne citer que des classiques catholiques estampillés, ont consacré leur vie, leur science et leur ardeur, et déployé une argumentation nourrie à seule fin de démontrer une fois de plus que le dieu reconnu et imposé par le pouvoir en place dans la région du monde où ils prêchaient était le seul vrai dieu et que la pratique religieuse officielle était la seule façon efficace de l'adorer, sans qu'ils fussent apparemment à aucun moment troublés par la pensée que, fussent-ils nés à quelques dizaines de lieues de là, de l'autre côté de telle frontière ou sur le rivage opposé de tel bras de mer, ils se fussent attachés avec non moins d'ardeur, de science et de conviction, au besoin jusqu'au martyre, à démontrer l'exclusive et éblouissante évidence de ce dieu d'en face dont ils dénonçaient alors avec véhémence la fausseté, à exalter la puissante efficacité de ces prières dont ils fustigeaient l'inanité.

Je ne suis certes pas le premier à m'ébahir devant la colossale ingénuité de ces « maîtres à penser », cette énormité insultante pour la raison a mainte fois été mise en évidence, j'en suis cependant toujours aussi déconcerté. Je veux bien admettre qu'un monsieur N'Importe Qui ne cherche pas à voir plus loin que le bout de son nez, qu'il se sente bien au chaud, blotti dans des habitudes religieuses qu'il a tétées avec le lait de sa mère et qui l'intègrent solidement dans le groupe social où le hasard l'a mis, c'est là un ciment de plus, comme la langue, les us, les haines traditionnelles du clan... Mais des gens qui pensent ! Qui sont censés se poser des questions ! Des guides !

Naïf que je suis ! Eh, c'est justement là la clef ! Ne pas être seul. Ne pas être différent. Etre seul, c'est être nu, c'est être suspect, c'est être réprouvé. Donc, s'intégrer au groupe. A la famille, à la tribu, au clan... A la patrie. Ignorer tout ce qui n'est pas le groupe. Mieux : le haïr. Rien n'unit un groupe comme la haine commune envers un autre groupe. Et si le dieu des autres est, lui aussi, autre, quelle aubaine ! En plus d'être étrangers, ils sont stupides ! Ils adorent une chimère ! Pis : ils sont inspirés par Satan. Ils adorent le Mal...

Les guides religieux, sincères ou non, conscients ou non, coopèrent puissamment à cette cohésion du groupe. Vitalement nécessaire autrefois autour d'un monarque absolu (d'où l'acharnement, la férocité des guerres civiles de religion), l'unité de foi, pour n'être plus de nos jours imposée par le pouvoir politique, du moins en Occident, continue cependant à unir les ethnies plus fortement que la langue même. Flamands et Hollandais ne s'aiment guère, pourtant ils parlent strictement la même langue mais diffèrent sur le dogme, les uns étant catholiques romains, les autres en majorité calvinistes. Serbes et Croates parlent une langue commune et sont chrétiens, mais les uns de la variété grecque orthodoxe, les autres catholiques : ils se haïssent.

Bien sûr, réduire ces pulsions agressives au seul antagonisme religieux serait simpliste. Cet antagonisme, portant sur un point fondamental, n'en vient pas moins renforcer et justifier la méfiance, voire la haine, et barbouiller d'« idéal » les crapuleuses pulsions de cupidité ou d'ambition des meneurs du troupeau.

Il est vrai que, après le concile Vatican II, un œcuménisme patelin incita les curés et leurs porte-parole à mettre en veilleuse les différences. C'est que l'indifférence religieuse des masses — tout au moins dans les pays dits « évolués » — était devenue inquiétante. La quête éperdue de la réussite matérielle pour les bien placés de la course à la prospérité, tout comme le souci taraudant du croûton quotidien pour les masses nées au mauvais endroit ou au mauvais moment avaient relégué à l'arrière-plan les affres du salut et les subtilités de la métaphysique, vidé églises et confessionnaux, réduit à peu de chose le denier du culte. Le Concile, entreprise de rechristianisation par la séduction, s'est attaché à faire descendre la foi à la portée des âmes paresseuses tout en lui donnant un petit débarbouillage moderniste. On rabota le rituel, on échenilla la liturgie, on vulgarisa la langue sacrée, on reculotta les prêtres. On mit en veilleuse les énormités par trop choquantes, tels le culte du Sacré-Cœur ou la dévotion à Marie, cette intrigante devenue pratiquement la quatrième déesse du christianisme — oh, pardon : le quatrième mousquetaire de la Sainte-Trinité.

Simultanément, on voulut se montrer indulgent, compréhensif, même, pour les brebis égarées dans les obédiences concurrentes. L'essentiel, n'est-ce pas, est d'avoir la foi. N'importe quelle foi : Dieu est au bout. On pardonna à ceux qui adorent Dieu sous la forme désuète de Yahvé, sous celle, aberrante, d'Allah, voire sous celle, carrément païenne et polythéiste des Indra, Krishna, Kali et toute la joyeuse bande, car au fond, savez-vous, à travers ces aberrations folkloriques, c'est le même Grand Principe que vénèrent ces égarés, c'est la même quête éperdue de l'Absolu qui les anime. On ne cède bien sûr rien quant à son dogme à soi, on sait qu'il est le seul vrai, le seul saint, puisque le seul dicté directement par le seul vrai Dieu, mais on affecte de respecter (!) la foi d'autrui. Le seul ennemi, le seul haïssable, est l'athée, le sans-dieu, le sans besoin d' « autre chose », qu'on assimile d'ailleurs allègrement au croquemitaine communiste... On n'irait peut-être pas jusqu'à faire ami-ami avec un rite qui pratiquerait les sacrifices humains, il y a quand même des limites à l'œcuménisme.

Tout cela, c'était hier. Aujourd'hui, le pape Wojtyla, dit Jean-Paul II, ne cache guère son opposition aux innovations du Concile et s'occupe activement à les grignoter. Fort d'avoir puissamment contribué à la désintégration de l'empire bolchevique, il est en train d'installer en Pologne une théocratie, autrement dit un régime cul-bénit, entièrement soumis au Vatican, avec religion d'Etat et tout le bazar. Est-ce le début de la reconquête ?

Pour l'instant, chose étrange, les excès même des catholiques, dans leur zèle impatient, ont provoqué chez le peuple polonais, pourtant réputé comme le plus bigot de l'Europe et peut-être du monde entier, un tel sursaut de rejet que les dernières élections ont très démocratiquement ramené au premier plan les communistes, naguère encore si violemment honnis ! Pourtant, le communisme, ils sortent d'en prendre ! Il faut croire que le régime du goupillon leur réussit encore plus mal que celui du marteau et de la faucille... Cela tendrait à prouver qu'il est encore temps, mais juste temps, de museler la bête.

L'Europe qui essaie de se faire sera-t-elle cul-bénite ?

Elle a déjà une gueule de béton armé et une culture de motard casqué, l'Europe. Un goupillon complétera coquettement la panoplie.

Chère angoisse

L'Univers roulait ses sphères, roulait, roulait, la vie naissait et mourait, naissait et mourait, et nul ne s'en doutait, nul capable de s'en douter n'existait, et la matière diffuse se condensait, les volcans surgissaient, les torrents bondissaient, les herbes fleurissaient, se fanaient, fleurissaient de nouveau, les bêtes naissaient, grandissaient et mouraient, et ça ne gênait personne, n'angoissait personne.

Il a fallu que survienne cette saloperie : la conscience. Et maintenant il y a quelqu'un pour contempler l'Univers, il y a quelqu'un qui sait qu'il est là, qu'il vit, qu'il vit très provisoirement, et qu'il va mourir : moi. La conscience est là, je ne peux pas faire qu'elle n'y soit pas, je ne peux pas faire comme si elle n'y était pas, je ne peux pas redevenir singe, ou chien, ou limace, ou caillou... La conscience est là, c'est-à-dire l'angoisse, en pleine gueule.

Heureux les croyants, ils ont réponse à ça. Ils ont réponse à tout. Ils ont leur morphine.

Heureux les croyants, mais je préfère mon angoisse et ses yeux grands ouverts.

Ils vous disent...

Ils vous disent :

« Vous, les rationalistes, vous prétendez chasser Dieu, mais vous érigez la science en dieu. »

Les sales cons !

Aux mots, on fait dire ce qu'on veut. Une absurdité proférée n'empêche pas la Terre de tourner.

Ils triomphent :

« Vous êtes contre la religion ? Donc votre religion est l'anti-religion. L'anti-religion est une religion comme une autre. » Et toc !

N'importe quoi.

Mais ce genre de « raisonnement » en forme de pirouette, ce raisonnement-clinquant, ce raisonnement à faire ricaner les cons, ça porte sur les cons, justement.

Or, ils nous cernent, les cons.

C'est pourquoi ce livre n'est pas pour eux.

Ce qu'on ne peut pas leur dire, à eux, parce qu'ils sont trop cons, je vais te le dire, à toi.

Ce qui caractérise une religion, c'est qu'elle procède par dogmes immuables. Elle connaît la Vérité. Elle la connaît une fois pour toutes. Elle lui a été enseignée il y a longtemps, par un homme dont on ne peut pas douter (dont on n'a pas le droit de douter), car il était inspiré par Dieu, c'est lui qui l'a dit, ou du moins ceux qui s'affirment ses continuateurs.

Ce qui caractérise la science, c'est qu'elle essaie d'expliquer l'existant au moyen d'hypothèses fondées sur l'observation, l'expérience et le raisonnement. Une hypothèse est satisfaisante quand elle cadre le mieux possible avec les faits observables. Une hypothèse est toujours révisable au fur et à mesure que les moyens d'investigation ou de calcul exigent une modification ou un élargissement du champ de l'hypothèse.

C'est pourquoi la science avance, alors que la foi stagne.

Voilà ce qu'il faudrait leur répondre, aux cons.

Mais ce serait peine perdue. Un con est un con.

Maastricht

Quelle que soit l'évolution politique de l'Europe de demain,
sa culture sera américaine,
ses équipements seront japonais,
sa « pensée » sera cul-bénite.

Ça peut se résumer ainsi :
La messe en rock dans des haut-parleurs japonais.

L'oppresseur s'en va, son dieu reste

Voilà plus de deux ans que la plus implacable, la plus imbécile des guerres civiles ravage la Bosnie-Herzégovine. Je sais bien que d'autres intérêts que religieux sont le véritable moteur de cette horreur, que les motivations effectives en sont, de la part des responsables ostensibles ou occultes, des intérêts, des calculs, des ambitions sordidement terre à terre et, de la part des peuples manipulés, des passions xénophobes et racistes attisées par lesdits responsables. Cependant, la caractéristique essentielle de chaque clan, son signe de reconnaissance, son « idéal » sacré, est l'appartenance à une communauté religieuse fièrement, pieusement, haineusement proclamée. C'est au nom de leur foi qu'ils meurent, au nom de leur foi qu'ils massacrent, qu'ils torturent, qu'ils violent.

Le paradoxal de la chose réside en ce que ces gens, à quelques infiltrations près, sont tous des Slaves du Sud, ces Slaves du Sud dont les aspirations à l'unité politique et territoriale déclenchèrent la Première Guerre mondiale et donc le naufrage de l'Europe qui s'ensuivit. On a trop tendance à nous faire oublier que la fédération yougoslave ne date pas de Tito, mais bien des traités annexes au traité de Versailles... Bref.

Or, si ces Slaves forment une seule ethnie bien compacte, les vicissitudes de l'Histoire ont déchiré le pays, en livrant une partie aux envahisseurs germaniques, puis hongrois et italiens, une autre aux conquérants turcs, une troisième demeurant sous l'influence de Byzance. Les populations slaves durent à coups de pied au cul se plier à la religion des oppresseurs. C'est pourquoi les Serbes sont chrétiens de la variété dite « orthodoxe » et écrivent en caractères cyrilliques, alors que Slovènes et Croates sont catholiques romains et utilisent l'alphabet latin. Les Bosniaques, eux, sont restés fidèles à l'islam imposé par les Turcs.

Nous avons là un exemple frappant de gens à qui leur foi fut inculquée de force par des oppresseurs honnis et qui, l'oppresseur enfin chassé et la liberté retrouvée, n'en continuent pas moins à pratiquer avec ferveur et, au besoin, jusqu'au martyre, la religion imposée par l'odieux tyran…

De même Anglais et Irlandais s'entre-tuent-ils au nom de deux façons, d'ailleurs très voisines, d'adorer le même dieu. Les gouvernants anglais n'auraient jamais pu susciter autant d'acharnement dans les deux communautés s'ils n'avaient pu s'appuyer sur cette bienheureuse guerre sainte pour habiller leurs très sordides desseins impérialistes.

Et que penser de ces Noirs américains, sud-africains et autres, en révolte contre le féroce pouvoir de Blancs racistes et méprisants, et que n'effleure même pas l'idée de rejeter la religion à eux imposée par ces Blancs qui les tiennent pour des sous-hommes à peine sortis de l'animalité… ? Il existe bien un mouvement Black Muslims (Musulmans noirs) à Harlem, mais ce n'est là que sursaut d'exaltés se cherchant n'importe quel symbole anticulture blanche et oubliant que les Arabes, au temps de leur splendeur, traitaient eux aussi les Noirs en êtres inférieurs, en faisaient des eunuques pour leurs harems, et qu'au long des siècles les trafiquants arabes furent les exclusifs fournisseurs du commerce des esclaves africains vers les Amériques.

J'ai dit quelque part que l'on a la religion ramassée au hasard de la naissance. C'est encore pis. On a la religion imprimée par la botte à clous du soudard. Où je veux en venir ? A ceci : que le besoin de croire, c'est-à-dire de ne pas penser, est tellement impérieux qu'on est prêt à croire n'importe quoi, pourvu qu'on croie. Ne pas penser, surtout ne pas penser ! De la pensée naît l'inquiétude, et l'inquiétude n'est pas confortable.

L'Autre

Il y en a,
Tu as beau leur dire :
Dieu est bon !
Dieu t'aime !
Dieu veut ton bonheur !
Dieu a tout prévu pour ton bonheur
Futur.

Il y en a,
Tu as beau, tu as beau
Leur dire
Ça,
Ils regardent alentour,
Et partout ils voient
Le malheur,
L'horreur,
Le méchant triomphant,
L'innocent condamné,
L'enfant qui naît sans pieds
Ou sans mains,
Les vies saccagées,
Et la mort,
La Mort.

Alors ils se disent, ceux-là,
Ils se disent :
Ce n'est pas possible.
Un Dieu bon ne peut pas avoir voulu cela.
Une mère ne pourrait pas torturer son enfant
Pour lui faire mériter son lait.
Un Dieu bon ne pourrait pas
Faire de la vie de sa créature
Bien-aimée
Une course d'obstacles et de souffrances
Pour lui faire mériter le Ciel.

Et alors ils se disent, ceux-là :
De deux choses l'une,
Ou Dieu n'est pas bon,
Ou Dieu n'est pas tout-puissant.

Alors ceux qui savent les choses leur répondent, à ceux-là :
Dieu est bon.
Dieu t'aime.
Mais il y a le Diable.
Hélas !
Le Diable est mauvais.
Le Diable est le Mal.
Le Diable est la Haine.
Le Diable te hait.
Hélas ! Hélas ! Hélas !

Alors ils disent, ceux-là :
De deux choses l'une,
Si le Diable existe,
C'est que Dieu l'a permis,
Et donc Dieu n'est pas bon.

Si Dieu ne l'a pas permis,
Alors le Diable
Est aussi puissant
Que Dieu.
Dans ce cas le Diable est un Dieu,
Lui aussi.

Ils disent encore, ceux-là :
Puisque partout triomphe le Mal,
Alors non seulement le Diable est un Dieu,
Mais il est un Dieu
Plus fort que Dieu.
Peut-être même,
Peut-être même
Est-il le seul Dieu.
Pourquoi pas ?

Ils s'exclament alors, ceux-là :
Celui qu'il faut prier,
Celui qu'il faut adorer,
C'est le Dieu le plus fort !
C'est le Dieu méchant !
Prions, prions, mes frères,
Prions le grand Satan,
Dieu fort par-dessus Dieu,
Et peut-être seul Dieu,
Pourquoi pas ?

Sacrifions-lui des victimes,
Offrons-lui des horreurs !
Faisons, faisons le Mal !
Baisons ses pieds fourchus !
Léchons son cul merdeux !
Conchions la croix,
Compissons la Vierge,

Egorgeons l'agneau !
Crachons sur nos pères,
Profanons nos mères,
Défonçons nos sœurs !
Forniquons des fornications immondes,
Car Il aime ce qui pue,
Car Il aime ce qui souille.
Il est le Maître de l'infâme et de l'ignoble.

Or il y en a,
De ceux-là,
Plus qu'on ne croit.
Il y en a
Qui croient adorer l'Autre,
Et se vouent à Celui-là.

Or qui sont les plus fous ?
Ceux qui croient au Dieu bon ?
Ceux qui croient au Malin ?

Aux uns comme aux autres,
Grand bien leur fasse !
Amen.

La grande réconciliation

Raccommoder Dieu et la science... Sujet « serpent de mer » pour couverture de magazine pendant les semaines creuses. Plutôt à la mode, ces temps-ci. Pas autant que les divorces monégasques ou la feuille d'impôt de votre chef de service, tout de même pas, mais assez « vendeur », néanmoins, depuis que la vague cul-bénite prend de plus en plus des allures de raz-de-marée. Il ne faut certes pas en abuser, mais, de loin en loin, ça fait penseur, ça apporte l'auréole du culturel avec un rien de vertige métaphysique. Le lecteur ne se sent pas pris pour un con...

Naturellement, on donne la parole aux « pour » et aux « contre ». Un cheval-une alouette, les sondages sont formels, le divin est en hausse, ne pas contrarier le client. Le ton, d'ailleurs, évolue avec la courbe du renouveau de la foi. De la possible coexistence du céleste barbu et de la recherche scientifique, chacun dans son coin et se supportant en laissant de côté les contradictions, on en est arrivé peu à peu à un Dieu mathématicien, inspirateur et moteur de la démarche du chercheur. Les athées à tout crin ne sont interrogés que sur des points mineurs, quand encore on leur fait l'honneur de les interroger. On leur préférera, dans le rôle du « contre », des agnostiques souriants, c'est-à-dire qui s'en foutent éperdument et n'ont nulle envie de dire des choses trop abruptes à la jeune dame aux si belles jambes.

On ne manquera pas de citer, comme une boutade, justement, et encadrée, la célèbre boutade de Lagrange (était-ce Lagrange ? Vérifiez, je ne peux pas tout faire) à Bonaparte lui demandant s'il croyait en Dieu : « Je n'ai pas besoin de cette hypothèse. » Cela fait toujours beaucoup rire.

Ça ne me fait pas rire. Lagrange (n'était-ce pas plutôt Laplace ?) avait raison. La notion de Dieu n'apporte rien à la connaissance du « comment ça marche, d'où ça vient, pourquoi tout ça, etc. ». Au contraire, ça ne peut que vous égarer vers les impasses provisoirement rassurantes, peut-être, mais absolument stériles, du tabou, du magique, du métaphysique, bref, de l'imaginaire.

Quiconque « fait » de la science, même étant croyant, ne peut qu'agir comme si Dieu n'existait pas, ni quoi que ce soit de surnaturel. Le scientifique, en entrant dans le laboratoire, laisse sa foi au vestiaire, quitte à la reprendre en s'en allant.

La notion de Dieu ne parvient à se faufiler que dans les domaines scientifiques où l'excessive abondance des données permet encore d'ergoter, de les décréter échappant à toute mise en équation parce que « participant d'un degré supérieur de la connaissance », telles les sciences de la nature et surtout celles de l'homme : psychologie, étude du comportement, caractérologie... En sciences dites « exactes », on la bannit sans douleur.

Le domaine de Dieu se rétrécit de jour en jour, il se tiendra bientôt sur un seul pied. Très, très inconfortable. Il n'empêche que « Dieu et la Science réconciliés ! » continuera, et de plus en plus, à boucher les trous d'une actualité pas toujours aussi spectaculaire qu'une bonne guerre du Golfe.

La plupart des scientifiques, comme tout un chacun,

hélas, ont à l'intérieur du crâne d'épaisses cloisons de béton bien étanches qui leur permettent de vivre à l'aise dans la contradiction sans que ça leur cause d'insomnies. « Il y a des domaines où la raison ne suffit pas. Il y faut AUTRE CHOSE, que ceux qui ne l'ont pas ne peuvent pas comprendre. » Ben, voyons ! Mais si, ils peuvent le comprendre. A condition de l'aborder, comme le reste, avec objectivité.

Appel au meurtre

Le gouvernement d'un Etat est souverain à l'intérieur de ses frontières, et s'il lèse, emprisonne, torture ou brime en quelque façon que ce soit les ressortissants de cet Etat, nulle instance ne peut l'en empêcher tant qu'il fait ses petites affaires à l'intérieur de ses frontières. Je n'approuve pas, je constate.

Mais qu'un gouvernement, tel celui de l'Iran, donne l'ordre véhémentement proclamé, à l'extérieur de ses frontières et dans le monde entier, d'assassiner, dans un Etat étranger, un homme précisément désigné, comment cette incitation au meurtre peut-elle ne pas entraîner une unanime réprobation, accompagnée de sanctions immédiates ?

En Angleterre, en France, partout, les leaders islamistes appellent publiquement au meurtre de Salman Rushdie, coupable d'un « crime » ahurissant d'anachronisme, celui de sacrilège ! Et la chose n'arrive pas à dépasser le stade de l'anecdote, révoltante, certes, mais qui ne saurait fixer durablement l'intérêt des médias, et donc des masses. On cantonne l'affaire au domaine des excès pittoresques mais limités du fanatisme pan-islamique propulsé par les ayatollahs. On ne souligne pas — on préfère ignorer — la signification terrible de cette acceptation, de cette résignation, et bientôt de cette habitude à une intolérance qui nous ramène aux époques sanglantes des religions toutes-puissantes.

Qui est Rushdie ? Peut-être un athée, peut-être un agnostique, peut-être simplement un croyant qui n'a pas abdiqué la totalité de son sens critique... Peu importe. Il est désormais la révoltante illustration, la préfiguration de ce que sera ce lamentable vingt et unième siècle qui doit « être religieux ou ne pas être », ainsi que l'a prédit un de ces ciseleurs de prédictions qui sonnent bien et débouchent sur des sujets du bac.

L'intolérance conquérante du fanatisme islamique justifiera l'intolérance du tac au tac des fanatismes chrétiens, qui n'attendent que l'occasion. La télé appellera cela « l'escalade », c'est un mot qu'elle aime.

Les ayatollahs ont mis à prix la tête de Rushdie. Elle rapportera un million de dollars à son assassin s'il est étranger, trois millions s'il est iranien. Les maîtres de l'Iran ont-ils donc aussi peu confiance dans le zèle religieux de leurs sujets qu'ils doivent pour eux tripler la mise ?

Que font, en vrai, autrement qu'en vaticinations dans le vide, les associations de défense des Droits de l'Homme, d'athées, de libres-penseurs, et tout simplement de démocrates, pour dénoncer l'inquiétant avenir que laisse entrevoir une affaire Rushdie ? Bien plus encore que la cause des protestants au seizième siècle, que celle des Juifs en tout temps, la cause de Rushdie touche au cœur du problème, qui est celui de la liberté de conscience. Jusqu'ici, on désignait surtout par ce vocable le droit de croire en ceci plutôt qu'en cela, d'adopter un dogme déviant, voire hérétique, bref, de pratiquer une religion différente de la religion dominante, qui était d'ailleurs la plupart du temps religion d'Etat. Or, la véritable liberté de conscience, c'est la liberté de ne pas croire. Les grands réformateurs, les Luther, les Calvin, les Cromwell, ont été les pires intolérants.

Un incroyant ne se battra pas pour cette liberté-là. Toute foi lui est dérision. On ne se fait pas tuer pour une négation, puisqu'on sait qu'au bout du martyre il n'y a que le néant. L'athéisme n'est pas un fanatisme à l'envers. Tu veux croire, mon pauvre vieux, tu as besoin d'une foi, d'un père Noël, d'une âme immortelle ? Crois donc, et grand bien te fasse ! Tu me persécutes si je ne crois pas ? Bon, bon, ne nous énervons pas, je ferai semblant de croire. Tu m'interdis de mettre en garde mes enfants contre l'enseignement obligatoire de ta foi, qui est, cela va de soi, celle de la communauté ? C'est plus dur, ça, mais je ne vais pas tout mettre à feu et à sang pour autant.

Pour qu'il y ait guerre de religion, il faut qu'il se trouve deux groupes opposés de fanatiques aussi enragés l'un que l'autre.

Si vraiment, dans les mosquées, on appelle publiquement les croyants à tuer Rushdie, ceci constitue une incitation au meurtre, donc un délit. Doit-il être suivi d'effet pour être pris en considération ? Mais les menaces de mort et l'appel au meurtre ne sont-ils pas déjà des délits ? Comment dites-vous ? Peut-être pas en Iran ? Et comme le gouvernement de l'Iran est maître chez lui...

Depuis que j'ai écrit ceci, trois personnes au moins ont été effectivement assassinées pour avoir édité ou traduit le livre de Salman Rushdie. Rushdie lui-même vit en traqué, entouré de mystère et de gardes du corps.

Tout se passe comme si...

Tout se passe comme si Dieu avait existé une fois, juste une fois, juste le temps de créer tout le bazar, et puis était mort.

Ou bien comme si, ayant créé, s'en était soudain complètement désintéressé, avait tourné le dos et laissé les choses se démerder toutes seules.

De toute façon, ça revient au même. Les choses sont là, l'Univers, les étoiles, la Terre et nous autres dessus, l'attraction universelle, l'électromagnétisme, le principe d'Archimède, le théorème de Pythagore, π, $E = mc^2$, toutes les lois, toutes les constantes, et aussi l'angoisse métaphysique, qui suinte du cerveau de l'homme comme l'urine de sa vessie. Tout cela fonctionne et fonctionnera, implacablement, et fonctionnera encore quand l'homme, son « âme », son cerveau et sa vessie auront disparu de sur cette planète infime, emportant avec eux dans je ne sais quel néant cette insatisfaction et cet inassouvissable désir que les choses soient autres qu'elles ne sont.

Le Livre

Ils vous clouent le bec
A coups de citations
Imparables :
« Corinthiens » 6-IV-2,
« Jérémie » 1-V-15,
« Matthieu » 1-VII-89...
Car tout a été dit,
Tout,
Dans l'Ecriture,
Ou dans le Coran,
Ou dans les Rigveda
Si ton grimoire est celui-là.

Tout a été dit,
Tout, vous dis-je,
Une fois pour toutes,
Là.
Toute question a sa réponse
D'avance
Là.

L'existence de Dieu ?
« Genèse » tant, verset tant, lignes tant et tant.

Trois têtes sous la même auréole ?
« Paul » tant, « Marc » tant, « Augustin » tant et tant.
La femme, animal sans âme ?
« Yahvé » tant, « Jésus » tant, « Coran » tant et tant.

Tout, je vous dis, tout
Est là-dedans.
L'Univers et les étoiles,
L'homme et son destin,
Le Bien et le Mal,
Le Juste et l'Injuste,
La Palestine aux Juifs,
La Palestine aux Arabes,
La Palestine aux Esquimaux
(Si les Esquimaux ont un Livre),
L'anathème sur le mauvais riche,
La sanctification du bon riche,
Et la manière de les reconnaître
L'un de l'autre
Sans se tromper.

Et aussi
Le triomphe de l'oppresseur,
La soumission de l'opprimé,
Si tels sont les desseins d'En-Haut.

Et aussi
Quel numéro dois-je jouer au Loto ?
Que vais-je bien pouvoir faire pour le dîner ?
Pour qui dois-je voter ?
Dois-je obéir aux ordres et lâcher cette bombe sur cet hôpital ?

Tout, vous dis-je, tout.
Inutile d'étudier,

Inutile de chercher,
Inutile de comprendre.
Il n'y a pas à chercher,
Il n'y a pas à comprendre.
Il suffit de croire.
Ouvre le Livre,
Ouvre-le !
Et crois.
La réponse est dedans,
Ici
Ou là.

Et si la (pouah !) science contredit le Livre,
C'est la science qui a tort.

On ne condamne plus Galilée,
On ne brûle plus ses livres.
On le laisse parler,
Parler, parler, parler...
Et quand il est fatigué
On se contente d'ajouter
Avec un sourire de pitié :
« Oui, mais il est Quelque Chose
Qui échappe à vos microscopes,
Qui échappe à vos télescopes,
Quelque Chose qui échappe à tout
Parce que C'est au-delà de tout :
Voyez « Corinthiens » 6-IV-2,
Voyez « Genèse » 1-V-15,
Voyez « Coran » tant et tant...

Lourdes

Parmi les, hélas, nombreux « actes de foi » collectifs et saisonniers ou, pour être franc, les témoignages hurlants de la stupidité moutonnière qui font désespérer de toute possibilité d'amélioration de l'espèce humaine, il y a le pèlerinage de Chartres, il y a celui de Compostelle, il y a celui de La Mecque (là, Cavanna, tu ne devrais pas, ceux-là sont des méchants !), il y a les barbus austères accourus se balancer en cadence devant le Mur des Lamentations (ah, non, Cavanna, pas ceux-là : ils sont sanctifiés par le Martyre !), il y a le bain rituel de millions d'Hindous dans les eaux sacrées et putrides du Gange (ceux-là, tu peux y aller, ils ont des crocs mais ils sont loin), il y a les bolcheviks repentis qui, devant la Vierge de Kazan, se traînent aux pieds des popes couverts de dorure comme du papier à chocolats (décidément, tu veux te mettre tout le monde à dos, il finira par t'arriver un mauvais coup !) et il y a (roulement de tambour), et il y a

le pèlerinage de Lourdes.

Ceux-là, ceux qui s'entassent dans les trains spéciaux pour Lourdes, seraient plutôt un peu moins... un peu plus... enfin, bon, leur foi est, disons, pas tout à fait aussi gratuite que celle des fervents pèlerins cités plus haut. Eux, ils en attendent quelque chose, de leur dévotion. Ils en attendent un miracle. Oh, pas un miracle fracassant ! Juste un petit miracle personnel rien que pour chacun d'eux : la guérison.

Y croient-ils, au miracle ? Bien sûr, sans quoi ils n'iraient pas. C'est-à-dire, avant d'être malades, ils ne pensaient même pas à l'existence possible du miracle, voire en rigolaient après boire avec d'autres esprits forts de leur acabit. Mais la maladie vous change un homme. Alors, « on ne sait jamais... », « si ça ne fait pas de bien... », etc.

L'espèrent-ils vraiment, le miracle ? Bof... comme on espère gagner le gros lot. En tout cas, on n'a jamais entendu parler d'une émeute sanglante de non-miraculés déçus cassant tout dans la grotte, foutant le feu, éparpillant aux quatre vents médailles bénites et chapelets, déculottant curés et bonnes sœurs pour les fesser férocement... Il faut donc croire qu'ils sont, sinon satisfaits, du moins pas découragés, puisqu'ils reprennent le train spécial en sens inverse en chantant des cantiques.

Et ce qui tendrait à prouver qu'il y a un bon Dieu, tout au moins dans le ciel de Lourdes, un micro-climat de bon Dieu, c'est que lorsque ces braves gens voient un confrère envoyer soudain promener béquilles ou petite voiture, ou chasser son chien d'aveugle à coups de latte dans le fion en criant « Miracle ! », eh bien, ils ne lui cassent pas la gueule, à cet enviandé de chouchou, pas du tout. Ils tombent à genoux s'ils ont des genoux, ils prient, ils sont bien contents. Vous comprenez : ça prouve que le truc fonctionne ! Simplement, la Sainte Vierge a ses têtes, ce sera peut-être notre tour l'année prochaine.

La bonne combine, c'est d'arriver juste quand on vient de changer l'eau de la piscine, avant que sa capacité de miracle n'ait eu le temps de se diluer dans les microbes d'autrui.

Petite secte courageuse ou grosse Église feignante ?

C'est bien connu : dans les périodes d'inquiétude générale, l'animal humain perd les pédales, rejette — plus encore qu'à l'accoutumée — les arguments de sa raison et plonge à corps perdu dans les tentations de l'irrationnel rassurant ou exaltant. La crédulité s'engraisse sur le désarroi comme la mouche verte sur la charogne.

Parlant de période d'inquiétude, nous serions plutôt gâtés, ces temps-ci. Et de plus en plus. Et de tous les côtés. On ne sait plus où donner de la trouille : chômage universel institutionnalisé, pollution catastrophique, surpopulation galopante chez les crève-de-faim, c'est-à-dire chez les deux tiers des habitants de la planète, existence d'un formidable arsenal nucléaire jusqu'ici verrouillé par les puissances-chiens de garde mais désormais susceptible de s'éparpiller sournoisement entre les pattes griffues de petits potentats imbéciles et mégalos, balkanisation de l'empire bolchevique émietté en une myriade d'Etats haineux, ultra-chauvins et ultra-corrompus, abcès purulent de la Palestine… Saupoudrez là-dessus la drogue, le sida et ce bon vieux cancer qui, imperturbable, continue de nous dévorer vivants… La situation était, tout compte fait, moins angoissante en août 14 ou en septembre 39, en tout cas l'angoisse était bien délimitée, le lieu et les modalités de l'explosion à chaque fois tout à fait prévisibles, et d'ailleurs prévus, et plus que prévus : attendus.

Là, on ne sait pas où ça va tomber, quand ça va tomber, comment ça va tomber. On ne sait même pas ce qui va tomber. On sait seulement que, directement ou par ricochet, ce sera pour nos gueules... Lent pourrissement ou catastrophe en feu d'artifice ? Désagrégation de la civilisation et plongée irrésistible vers la misère universelle avec règne d'une féodalité de gros caïds pourris ? Guerre locale débordant soudain des limites du terrain de jeu et foutant le feu au monde (feu nucléaire, cela va de soi) ? Ruée des affamés fanatisés par un démagogue un peu plus doué que ceux qu'on a vus s'y essayer jusqu'ici ?... Les anxieux n'ont que l'embarras du choix.

En période « normale », je veux dire pas spécialement surchargée en inquiétudes planétaires, la glande à insomnies de l'individu tout venant n'est guère sollicitée que par la bien pépère angoisse existentielle, vous savez : D'où viens-je ? Où vais-je ? Que suis-je ? Qu'est-ce que je fous là ? Ne vis-je donc que pour mourir un jour ? Cette grande horloge a-t-elle un horloger ? Y a-t-il un horloger dans la salle ?... Ce genre de chose. Angoisse assez abstraite, en somme, et qui ne titille son homme que par bouffées, par exemple quand il a mangé trop de boudin avant d'aller au lit, ou quand l'âge lui rend la bandaison problématique. A cette angoisse en pantoufles le remède existe, il est là, à portée de la main, comme l'aspirine dans l'armoire à pharmacie. Ce remède, c'est la religion. N'importe quelle religion. (J'avais d'abord écrit « la foi », mais Dieu n'est plus aussi exigeant. Un vague acquiescement de routine lui suffit.) Les curés, pasteurs, bonzes et autres ayatollahs savent gérer la chose, c'est un métier.

Viennent des temps un peu trop troubles, un peu trop chargés en ces menaces d'ordre universel devant lesquelles l'individu se sent totalement impuissant, de ces fatalités planétaires comme la Grande Peste Noire ou le krach de 1929, alors le « Notre Père » et la messe du dimanche ne suffisent plus. Devant la Grande Menace Floue, on veut davantage, on veut autre chose. Et donc prolifèrent les sectes, religions de l'excessif.

Une secte ne se bâtit pas à partir de rien. C'est toujours une excroissance parasite, une tumeur déviante greffée sur une religion ayant pignon sur rue. Sa raison d'être est une protestation.

Cette protestation pourra être une réaction rétrograde contre certains aménagements de circonstance du dogme officiel jugés complaisants, démissionnaires et affadissants, un sursaut d'inconditionnels prétendant retrouver le « pur et saint élan » des âges triomphants (il y a toujours un pur et saint élan qui s'est dilué dans le train-train). Nous avons alors affaire à ce qu'il est convenu d'appeler des « intégristes », farouches nostalgiques d'un autrefois magnifié, adjudants plus attachés à la lettre qu'à l'esprit, à l'emballage plus qu'au contenu... et encouragés par d'autres nostalgiques d'une certaine « pureté », politique, celle-là.

Mais cette protestation pourra aussi, à l'inverse, s'exprimer par une crise mystique, une innovation de fanatisme sentimental exigeant de ses adeptes des ascétismes et des renonciations, organisant des transes collectives, prônant l'orgie sexuelle ou exaltant la chasteté stricte mais en tout cas visant toujours le paroxysme, soit sans trop altérer le dogme fondamental, soit en tombant carrément dans l'hérésie. (Une religion établie est une hérésie qui a réussi : le christianisme, à l'origine, n'était rien d'autre qu'une petite secte juive hérétique.)

Elle pourra aussi, cette protestation, basculer dans les voluptés profanatoires du blasphème, plonger dans les délices maudites de l'interdit, adorer l'abomination, et ce sont alors les cultes sataniques avec tout leur bric-à-brac de sorcellerie délirante.

N'oublions pas les sectes guérisseuses, très en vogue, cela va de soi, aux Etats-Unis, toujours en tête sur le chemin de l'outrance dans l'exploitation à grand spectacle de la connerie et de la détresse... Mais quel catholique pratiquant osera-t-il se moquer des charlatans guérisseurs « par la foi » tant que sévira l'énorme, la honteuse mystification de Lourdes ?

Et donc les sectes, comme on dit dans le poste, prolifèrent. Ça donne de beaux reportages bien pittoresques, surtout quand il s'agit d'une famille éplorée s'acharnant à arracher l'adolescent fugueur qu'a séduit le verbe exalté du prophète et qui a fui, dans le douillet cocon d'une communauté fraternelle et contemplative, les dures réalités de la vie dite « active » ainsi que les gueules de raie du milieu familial. Au lieu de lutter, l'adolescent, pour conquérir cette fameuse « place au soleil » de plus en plus problématique, il préfère trimer dur à de menus travaux folkloriques ou bien mendier en psalmodiant dans les rues pour la plus grande gloire et le plus grand profit d'un gourou vénéré, lequel, pourquoi se gêner, pourra même s'être carrément proclamé dieu vivant.

Refus d'accepter le réel décevant, besoin désespéré d' « autre chose », d'un « autre chose » excitant pour l'imagination, et, surtout, en marge du vulgaire. Se fondre dans un petit groupe bien compact, avoir en commun un secret, le secret du « Grand Tout », et savoir qu'on est les seuls à avoir compris, que le monde entier, tout autour, croupit dans l'erreur. Abandonner toute responsabilité, et même toute personnalité, se laisser couler, se fondre avec délices dans l'aura du « Maître » et la chaude connivence des initiés... La soumission adorante ne va pas toujours jusqu'au suicide collectif, comme en Guyana, mais elle fait, de jeunes à tendances passives, de parfaits robots qu'un roublard affamé de puissance mènera où il voudra.

Lapinisme-bénit

Il y eut autrefois, dans l'Antiquité, au Moyen Age et jusqu'au siècle dernier, des sectes mystiques qui prêchaient l'abstinence sexuelle. Certaines allaient jusqu'à la castration sacrée.

De nos jours, la quasi-totalité des activistes religieux fanatiques prônent la reproduction à tout va, tonnent et fulminent contre l'avortement et la contraception impies, brandissent le « Croissez et multipliez ! » de la Bible ou son équivalent dans les divers autres livres sacrés.

Ces furieux du lapinisme pieux élèvent leurs enfants, cela va de soi, dans la soumission aveugle à leurs propres dogmes. C'est donc un formidable raz de marée de culs-bénits fanatiques que je vois grossir à l'horizon.

Les athées, les agnostiques, les tièdes ne se reproduisent qu'à leur guise, pas plus que leur désir d'enfants ou leurs possibilités de les élever correctement ne les y incitent.

Et donc la bêtise (c'est-à-dire, ici, la foi) gagne et gagne, non seulement par persuasion car elle est consolante, séduisante et pas fatigante pour la tête, mais bien plus encore de par le lapinisme forcené des fanatiques.

Bien du plaisir, mes petits !

Béatitudes

« Bienheureux les pauvres d'esprit » ?

Je n'y vois pour ma part aucun inconvénient, à condition qu'ils ne prétendent pas m'imposer leur connerie. S'ils sont heureux et bienheureux comme ça, grand bien leur fasse !

Mais qu'ils ne viennent pas me bêler aux oreilles leurs débilités ! Je préfère mon inquiétude pas toujours confortable à leurs certitudes d'imbéciles. Qu'ils bavottent leur félicité dans leur coin, sur leur tas de sable, avec leurs petites pelles, et laissent les adultes s'occuper de choses sérieuses.

Oui, mais : pas de foi sans prosélytisme ! Et voilà pourquoi ils ne pourront jamais s'empêcher de nous emmerder.

Béatitudes (suite)

Prouvez, expliquez, démontrez, développez vos raisonnements lumineux, alignez vos arguments imparables, ayez raison, mille fois raison, vous n'ébranlerez pas l'imbécile. L'imbécile est imperméable au raisonnement, l'imbécile ne sait même pas ce que c'est qu'une démonstration convaincante et n'a nulle envie de le savoir, l'imbécile écoute (s'il écoute !) mais ne comprend pas, l'imbécile vous regarde avec un sourire de pitié, l'imbécile a sa conviction toute faite et a décidé que rien ne l'en fera changer, l'imbécile est inexpugnable.

Et l'imbécile a peur. Il écoute sa peur, il écoute ceux qui savent parler à sa peur, lui parler le langage que comprennent les imbéciles peureux, le langage de la foi. La peur pose les questions, la religion donne les réponses.

L'imbécile méprise l'intelligence. L'imbécile a toujours raison : il est le nombre.

Tabous

Pourquoi Juifs et musulmans s'interdisent-ils de manger du cochon ? Parce que le Livre l'interdit. Ah, bon. Pourquoi le Livre l'interdit-il ? Parce que Dieu a décrété que le cochon est impur. Ça veut dire quoi, impur ? Le cochon n'aurait-il pas été créé par Dieu ? Ou alors, Dieu aurait-il créé le cochon impur ? Dieu a créé le cochon, puisqu'il a tout créé. S'il l'a créé impur, c'est qu'il avait ses raisons. Quelles sont-elles, ces raisons ? Dieu n'a pas à donner ses raisons, Dieu n'a pas à se justifier. Dieu est Dieu.

Ne serait-ce pas parce que les ancêtres communs aux Juifs et aux Arabes, ces Bédouins errants idolâtres plus ou moins frottés de culture babylonienne et égyptienne, avaient cru remarquer que la viande de porc pouvait transmettre certaines maladies ? La trichinose, par exemple, ou la lèpre. La Bible est pleine d'une obsessionnelle terreur de la lèpre. Le Coran procède directement de la Bible.

Les préceptes kasher ou hallal touchant la nourriture reflètent ces notions primitives d'hygiène basées plus sur la magie que sur l'observation méthodique, et aussi des tabous tribaux dont l'origine se perd dans la si noire nuit des temps. Un clan dont l'ancêtre mythique est un lapin

— pourquoi pas ? — aura le tabou du lapin et, peut-être, l'étendra à toute bête ayant des doigts aux pattes. Si ce clan écrase les clans d'alentour et impose sa suprématie suffisamment longtemps, le tabou du lapin s'incrustera dans les mythologies des clans soumis. Très vite, le souvenir de son origine et de sa signification se perdra. Quand le dogme se codifiera en un livre — « le » Livre —, le vieux tabou s'y inscrira comme dicté par Dieu.

Les religions monothéistes sont des religions de synthèse. Si elles ne reconnaissent qu'un dieu unique, c'est tout bonnement le dieu spécifique du clan qui a soumis ou massacré les autres clans — Yahvé n'était qu'un petit dieu local, un Baal parmi les Baals, mais il a eu de la chance... Je vous rappelle que Yahvé s'appelle, un peu plus à droite, Allah, et qu'un peu plus à gauche il est le père du petit Jésus, notre petit Jésus à nous, oui, oui.

Vous mentez ! Ce n'est pas par un profane autant que futile souci d'hygiène que Dieu a mis le tabou sur le cochon (et aussi sur le lapin, sur le lièvre, sur l'anguille...). C'est pour nous mettre à l'épreuve. Pour que nous ayons quelque chose à lui sacrifier. Que pourrions-nous lui offrir, à lui qui possède tout, nous qui n'avons rien ? Eh bien, nous pouvons lui offrir cela : nos privations. En ne mangeant pas de cochon, nous nous élevons jusqu'à lui, puisque nous pouvons lui offrir quelque chose, d'égal à égal... Mais un incroyant ne peut comprendre cela. Ce sont choses sublimes, cela vole trop haut pour lui.

Eh, oui. Mon esprit épais ne peut comprendre, autrement que comme cas pathologiques relevant de la psychiatrie, ces saints stylites qui passèrent leur vie en haut d'une colonne isolée, sans jamais en descendre, sans se laver, priant ou faisant comme si, offrant à Dieu leurs saintes ankyloses, leurs saints ulcères, leurs saints morpions et leur sainte crasse... Et pas davantage ces brahmanes qui, dit-on, à la suite d'un vœu, gardent pendant des dizaines d'années un bras tendu à la verticale, une brique dans la main... Qu'ils doivent être contents, où qu'ils se trouvent et quels qu'ils puissent être, ces dieux bien-aimés à qui l'on offre de telles merveilles !

Heil ! Croâ ! Croâ !

La plus accomplie des dictatures totalitaires des temps modernes, celle dont le rayonnement maudit fascine les nouvelles extrêmes droites et leur sert d'exemple et de modèle, fut le nazisme. Le national-socialisme allemand.

Le nazisme était foncièrement indifférent à l'égard des religions. On peut même dire que Hitler et ses voyous étaient pratiquement athées, bien qu'ils consultassent en douce des mages, des médiums et certains « philosophes » délirants qui les confortaient dans leurs visées mégalomaniaques. Grosso modo, le nazisme fut une dictature athée.

Or toutes les autres dictatures fascisantes construites sur des modèles analogues, de Mussolini à Franco, de Salazar à Pinochet, de Horthy en Hongrie à Pavelic en Croatie, et aussi tous les généraux emplumés des « républiques de bananes » d'Amérique latine et d'Afrique noire, et aussi tous les nostalgiques de Pétain et du Roy de France, tous ces sauveurs de la patrie par la trique et la potence ont un point commun : ce charmant petit monde chante des cantiques et brandit bien haut la bannière du renouveau de la foi (Catholique romaine à tous les coups, comme par hasard. Ceci vaudrait la peine qu'on y regarde de près !)

Cette observation vaut pour le Front national français

et les néo-fascistes italiens, ainsi que pour les actuelles résurgences carrément nazillonnes qui fleurissent comme des furoncles gonflés de pus sur la gueule des démocraties. Ces gens pleins d'ardeur militante professent une admiration idolâtre pour Hitler, ses dogmes, ses haines et ses méthodes. Mais, paradoxalement, tous exaltent une morale barbichue, à base de « valeurs », de « tradition » et d'abandon éperdu à la « foi de nos pères » qui ferait éclater de rire le Führer à s'en péter le « Gott mit uns ». Lui, il n'avait pas besoin des hommes en noir pour mystifier son peuple : l'auto-adulation de la « race » supérieure lui suffisait.

Incidemment, ce nazisme que nos extrêmes droites ultra-chauvines admirent tant professait à l'égard de tout ce qui n'était pas allemand un mépris écrasant, même s'il flattait, quand il avait besoin d'elles, ces « races » dégénérées : latine, slave ou autres.

Tout se passe comme si (j'aime bien cette formule) le nazisme s'était imposé sans les curés ou même malgré eux, et comme si les continuateurs ou les rénovateurs du nazisme étaient les curés ou leurs instruments...

P.S. : J'ai écrit cela alors que l'ex-URSS, redevenue sainte Russie, n'avait pas encore tâté de la fascination chauvino-fasciste d'un Jirinovski admirateur éperdu de Hitler. Faudra-t-il donc bientôt étendre aux popes l'attirance morbide des curés pour les régimes à grosses casquettes et à bottes cloutées ?

Alignements

Parmi les dizaines de milliers de croix de bois impeccablement alignées dans les ossuaires « glorieux » de Douaumont et d'autres célèbres lieux de massacre de masse, combien d'entre elles écartèlent leurs bras véhéments au-dessus de corps d'athées convaincus, peut-être même d'ardents militants anticléricaux ? On ne leur a pas demandé leur avis. On a planté sur leurs pauvres restes mutilés l'insigne insolent de la secte religieuse majoritaire.

Il est vrai que, incroyants ou sceptiques, s'il leur est arrivé de songer, de leur vivant, bien sûr, que la chose risquait de leur échoir, cela les a peut-être fait sourire, mais ne les a certes pas indignés. Un véritable incroyant ne tombe pas dans les pièges de la symbolique, ni, cela va de soi, dans ceux de l'antisymbolique, qui n'est après tout qu'une symbolique prise par l'autre bout.

Les seins d'Agathe

En cherchant autre chose dans le gros dictionnaire — vous savez comment sont les dictionnaires, ils vous happent par-devant par-derrière —, je tombe sur « Agathe (sainte) ». Sainte, donc martyre. Savez-vous ce qu'ils lui ont fait, à Agathe* (sainte) ? Ils lui ont coupé les seins. A ras. Rien que ça, déjà, hein... Mais attends, attends ! Elle se protège les seins avec les mains. Geste, veux-je croire, purement instinctif, impulsion irraisonnée, qui n'ôte rien à la pureté de sa foi pas plus qu'à l'ardeur de son aspiration au saint martyre. Elle protège donc ses seins, ses mignons petits seins. De ses mains. Qu'à cela ne tienne : le bourreau, d'un seul coup ample et précis, coupe les mains avec les seins. C'est un métier, eh oui. Tu ne te sens pas bien ? Moi non plus.

Le dictionnaire est plein de choses de ce genre. De saints martyrs éventrés dont on enroule soigneusement les intestins sur une espèce de treuil à tambour, tandis que le saint, mains jointes, yeux au ciel, sourit ineffablement

* Réflexion faite, ce n'était peut-être pas Agathe. Je n'arrive pas à me rappeler de quelle sainte il s'agissait, que voulez-vous, je n'ai pas la mémoire des noms. Mais tous les détails de l'édifiant épisode, ceux-là, oui, je les garantis.

sous son auréole toute neuve... Et on raconte ça aux petits enfants ! Mais attends !

On a fait de sainte Agathe maintes images et statues de bois ou de pierre. On l'y voit, tantôt portant dans ses mains ses seins coupés, tantôt sans mains ni seins. Les touristes, pieusement, cherchent le bon angle pour la photo. Et attends ! On en fait des brioches. Des brioches en forme de mains coupées, des brioches en forme de seins coupés... Ça se vend ? Ça se vend, ça se mange, c'est une spécialité du pays, vois-tu.

Ça me rappelle ces têtes de cochon hilares qui servent de label aux grandes marques de charcuterie industrielle. Même bon goût de charognards, même sadisme rampant, pas si inconscient que ça, toujours prêt à jaillir. Abject. Mais bien dans la ligne d'une religion qui a pris pour dieu un cadavre écartelé sur un poteau de torture.

Quand j'avais l'âge du catéchisme, à la messe du dimanche, ma place assignée parmi les autres gosses était telle que j'avais devant les yeux, tout près, une fenêtre à vitrail où l'on voyait, grandeur nature, saint Sébastien lié à son poteau. Le malheureux, tout nu sauf un petit pagne pour la pudeur, était hérissé d'innombrables flèches dont le criblaient des mécréants qu'on ne voyait pas. Il saignait beaucoup. Ses plaies étaient très bien peintes, très ressemblantes. Pendant toute la messe j'avais cette horreur devant moi, un peu sur ma gauche, je ne pouvais m'empêcher de regarder. J'éprouvais une trouille épouvantable, une trouille telle que j'en oubliais d'avoir pitié. Pitié ? Mais ce garçon à qui on faisait ces choses abominables, c'était moi ! Qu'aurais-je fait, moi, s'il m'avait fallu choisir entre mon dieu et les flèches ? Hélas, je savais trop bien que j'aurais renié tout ce qu'on aurait voulu, et j'avais honte, et je me traitais de lâche et de piètre chrétien, mais je ne pouvais pas me raconter d'histoires... J'en étais malade.

Depuis, j'ai su que la torture et l'abomination sont

chose courante, que des millions d'hommes y passèrent et y passent, partout dans le monde, et pas seulement pour leur faire renier leur dieu mais tout bonnement pour obtenir des renseignements, pour « faire un exemple », pour les punir d'être d'une race différente, ou pour le plaisir, le sain et rassurant plaisir de se trouver du bon côté, du côté du manche de la hache... Je ne m'y suis jamais fait, et, après toutes ces années, il suffit que j'entende ou que je lise le nom de saint Sébastien pour que surgisse à mes yeux, sur le vitrail inondé de lumière de l'église de Nogent-sur-Marne, l'épouvantable charnier vivant, pour que, du plus profond de mon marécage intime, remonte la noire et puante trouille, et ma culpabilité.

Plus encore qu'aucune autre religion, peut-être, le christianisme exalte l'horreur, se vautre dans le morbide, attise la viscérale terreur de la bête humaine devant la mort et la mutilation. Religion dégoulinante de sang et de larmes, elle pue le cadavre.

Alibis

« ... les curés, hélas,
Ne sont pas tous des dégueulasses. »
Georges Brassens

Il y a toujours un abbé Pierre
Pour se battre, seul, contre la misère,
Pour éveiller les foules repues à la fraternité.

Il y a toujours un abbé Pierre,
Une Mère Teresa,
Un Vincent de Paul,
Un François d'Assise,
Un Monseigneur Gaillot.

Il y a toujours des curés sud-américains
Qui se font tuer avec leurs pauvres ouailles
Exterminées à la mitrailleuse.

Il y a toujours des isolés,
Des ignorés,
Des désavoués

Pour sauver l'honneur de l'Eglise,
Ou plutôt :
Son image de marque.

Un peu de magie

Il y a eu un film, jadis, je ne me rappelle plus le titre mais c'était avec Alain Delon, dont le sujet, paradoxal au possible et susciteur de terribles tempêtes sous crânes bien-pensants, reposait sur le cas d'un veuf qui se fait prêtre catholique et dont la femme, finalement pas si morte que ça, réapparaît soudain et veut récupérer son bien, c'est-à-dire son époux avec tous ses accessoires et l'usage intensif de ceux-ci. Je ne me rappelle plus non plus la fin, et peu importe. La chose était traitée en badinerie, frôlant le drame mais se gardant bien d'y tomber, Dieu tirait de son côté, l'épouse ressuscitée et frustrée tirait du sien, écartelé entre les deux le mari ensoutané s'en tirait par des caleçonnades et galipettes où nul farouche intégriste ne trouva motif à casser les fauteuils ni à foutre le feu au cinéma, je n'irai certes pas m'en plaindre.

Or, si j'étais croyant, je verrais là matière à un terrifiant dilemme. Terrifiant, je n'exagère pas. Car il met en cause la structure même de l'Univers et sa stabilité. Vous allez voir.

Qu'est-ce que le mariage ?

Un sacrement.

Qu'est-ce que l'ordre (ou ordination), qui fait d'un homme un prêtre ?

Un sacrement.

Qu'est-ce qu'un sacrement ?

Un sacrement est un acte magique, c'est-à-dire une opération consistant en certaines paroles et certains gestes, prononcés et effectués selon un certain rituel, opération dont le résultat est de modifier l'ordre naturel des choses. La religion chrétienne, en sa variété catholique, connaît sept sacrements.

Un de ces sacrements, le baptême, fait que par ces mots « Je te baptise au nom du Père, du Fils et du Saint-Esprit » accompagnés de l'aspersion de quelques gouttes d'eau, un être humain quelconque devient un chrétien. A partir de ce moment, quelque chose d'essentiel a changé en sa nature même. Un lien invisible mais impossible à rompre l'unit à la divinité. Ses actions ne sont plus neutres, elles ont pris un sens : il peut pécher, ne serait-ce qu'en refusant de se considérer comme chrétien, il peut faire son salut ou perdre son âme, il n'est plus un sauvage ignorant, insouciant et libre. C'est pourquoi l'on s'empresse de baptiser les enfants dès la naissance. Ainsi sont-ils, veuille ou non, transformés en chrétiens pour l'éternité.

Autre exemple. L'eucharistie, moment suprême et raison d'être du christianisme puisque entièrement fondée sur le mystère de l'incarnation de Dieu tout-puissant en un corps d'homme, est aussi un sacrement, le plus imposant de tous, on peut dire le plus chargé de magie : par la simple parole du prêtre, le pain et le vin (et l'hostie, pour les simples fidèles) sont RÉELLEMENT changés en la chair et le sang de Dieu. « Il n'y a plus ni pain ni vin dans l'eucharistie, il n'en reste que les apparences » (Là, je cite mot pour mot mon catéchisme, celui de ma première communion, je l'ai toujours, oui.) Combien de chrétiens soigneusement pratiquants avalent l'hostie en se pénétrant bien à fond de l'immense portée de cet acte : cette hostie qui leur colle au palais n'est plus une rondelle fadasse difficile à avaler sans boire un coup, tout cela n'est qu'apparence, tromperie, illusion des sens. Chaque fidèle mange vraiment, matériellement, la totalité du corps charnel de son Dieu. Ce n'est nullement un geste symbolique comme, par exemple, le repas d'herbes amères et de pain sans levain auquel s'obligent rituellement les Juifs à la Pâque pour commémorer les misères de leur fuite d'Egypte. L'eucharistie, poutre maîtresse du christianisme, consiste à s'incorporer intimement la substance même de son dieu en le dévorant, chose qui ne peut manquer de faire surgir à l'esprit le parallèle avec ces repas cannibales où les guerriers aux dents limées s'incorporaient la force et les vertus de l'ennemi mort, mais n'insistons pas, les esthètes me taxeraient de mauvais goût.

Tout cela pour vous faire toucher du doigt en quoi un sacrement est chose gravissime, puisqu'il est censé forcer la nature à se plier au rituel, et non seulement la nature, mais Dieu même. Un individu ayant été baptisé, rien au monde ne peut faire qu'il ne le soit plus, pas même Dieu. Le sacrement de l'ordination fait d'un homme un prêtre, c'est-à-dire change sa nature profonde, lui ajoute une « grâce » qui fait de lui plus qu'un homme, un être lié à Dieu de façon particulière, doué de pouvoirs magiques (remettre les péchés, célébrer certains sacrements, chasser les démons, faire s'incarner Dieu...) et donc d'une parcelle de divinité. Attention, je dis bien un prêtre, catholique ou orthodoxe. Un pasteur protestant n'est pas un prêtre, un rabbin non plus, un imam non plus : ils ne sont que des guides dépourvus de pouvoirs magiques. Là encore, rien ne peut faire qu'un prêtre ne le soit plus. L'ordination est à sens unique. Un prêtre indigne peut être interdit par la hiérarchie, voire excommunié, il ne peut en aucun cas être dépouillé de sa qualité de prêtre, de ce quelque chose de surhumain et de sacré qu'a fait descendre en lui le sacrement de l'ordination, acte magique.

Enfantillages ? J'en suis bien d'accord. Si les chrétiens connaissaient un peu mieux leur catéchisme, s'ils prêtaient un peu plus d'attention aux formules qu'ils rabâchent, il est certain que le nombre des pratiquants machinaux fondrait, que celui des incroyants, ou tout au moins des sceptiques, augmenterait... et aussi celui des fanatiques ?

Si nous revenions à notre veuf raté ?

Voilà donc Dieu devant un insurmontable dilemme. Insurmontable, incontournable, même pour lui, Dieu. Cet homme a vu sa nature modifiée successivement par deux sacrements, actes magiques, aux effets irréversibles, et qui, ici, s'excluent absolument. L'ordination a fait de lui, pour l'éternité, un prêtre. Un prêtre ne saurait être marié. Or le sacrement de mariage l'avait auparavant lié indissolublement à une femme. Seule la mort de cette femme l'eût pu libérer de ce lien (provisoirement, toutefois, le temps du reste de son séjour terrestre, car la mort réunit les époux, qui affronteront la main dans la main le Jugement dernier, ce qui d'ailleurs pose le cas des veufs et des veuves remariés : la polygamie serait donc permise après le Jugement, et même les parties carrées ?). Or, la conjointe n'étant pas morte, vous voyez le travail !

Réflexion faite, le cas est simple. Dieu, qui sait tout, le savait bien, lui, que l'épouse était vivante ! Et que la magie de l'ordination, laquelle requiert des hommes vierges ou, à tout le moins, célibataires ou veufs, n'avait pas pu opérer ! Donc, cet homme n'était pas prêtre. Il n'était qu'une apparence de prêtre (il portait la soutane) et toutes les absolutions qu'il avait pu dispenser, tous les mariages, les extrêmes-onctions... Tout cela était nul et non avenu, leur magie n'avait pas fonctionné, il fallait vite avertir ces pauvres gens de leur épouvantable état de péché, de concubinage, de bâtardise, de mort indigne...

Moralité. S'il est impossible de revenir sur un sacrement, on peut toujours découvrir avec stupéfaction et soulagement qu'il n'avait pas fonctionné. C'est la méthode qu'emploient les catholiques huppés pour se séparer d'un conjoint devenu embarrassant sans toutefois divorcer, le mariage, nous l'avons vu, étant indissoluble. Il existe à Rome une espèce de tribunal chargé expressément d'étudier si tel ou tel mariage ne se révélerait pas, hélas hélas, nul dans son principe même de par le degré prohibé de parenté des supposés époux, par exemple, ou de par une regrettable négligence dans le rituel : il suffit de peu de chose pour que la magie se bloque... Mais cela coûte assez cher.

Amour

La grande trouvaille des inventeurs du christianisme : « Dieu est amour ! »

Et alors ? Qu'est-ce que ça change ?

Tu peux toujours prêcher aux hommes un dieu d'amour, ils se serviront de lui pour sanctifier leurs crapuleries et leurs crimes « pour la bonne cause » ainsi que les massacres de masse, curés bénisseurs en tête.

Dieu, on lui fait dire ce qu'on veut. C'est d'ailleurs à ça que ça sert.

Levez la main droite et dites : « Je le jure ! »

Le serment, si je ne me trompe, fait partie du cérémonial judiciaire de tous les tribunaux du monde dit « civilisé ». Quiconque est appelé à témoigner commence par lever la main droite et acquiesce à la formule sacramentelle : « Je jure de dire la vérité, toute la vérité, rien que la vérité. » A partir de là, il est censé ne plus pouvoir mentir. Il a proféré les paroles terribles, dans une ambiance de solennité propre à lui faire sentir bien à fond la gravité de ce qu'il va affirmer.

Or, qu'a-t-il donc exprimé, par ce « Je le jure » ? Qu'a-t-il fait, sinon énoncer ceci : « Ce que je vais dire pourrait être un mensonge, mais, puisque j'ai juré, ce n'en sera forcément pas un. »

Et pourquoi n'en serait-ce pas un, malgré tout ? Si notre jureur ne se laisse pas impressionner par le vocabulaire (ni par le cérémonial), il mentira, pour peu qu'il y trouve avantage, et qu'importe le serment préalable !

Enfin, quoi ! Prêter serment, en somme, c'est prétendre « CETTE FOIS, je ne mens pas » et rien de plus. Ce qui laisse du même coup entendre qu'habituellement on peut ou mentir, ou ne pas mentir. Mais alors, si la parole non précédée de « Je jure que... » est suspecte, en quoi le serment la rend-il plus crédible ? J'oserai même dire qu'il serait plutôt la porte ouverte au mensonge renforcé : si j'ai quelque impérieuse raison de mentir, j'assénerai tout d'abord avec force « Je jure que... », ce qui donnera d'autant plus d'efficacité convaincante à mon mensonge que nous vivons dans un monde où les mots « Je le jure » ont quelque chose de tabou, disons le mot : de sacré. C'est-à-dire de magique. Nous y voilà.

Le serment, démarche essentiellement magique, suppose l'existence de quelque entité transcendante sur qui il est censé agir. Mentir n'est pas beau, certes, mais n'est après tout que péché véniel, ça reste entre créatures, et que chacun se débrouille ! Mais mentir en jurant, c'est-à-dire en invoquant, en prenant comme témoin et garant de sa bonne fois cette entité supérieure et redoutable (un dieu ou quelque autre puissance invisible), devient crime de sacrilège, crime épouvantable qui sera puni tôt ou tard, ici-bas ou ailleurs, et de façon implacable, par la puissance bafouée.

Le serment n'est donc rien d'autre qu'une formule de conjuration, une tentative désespérée pour lutter contre l'insaisissable poison du mensonge qui fausse tout et pourrit toute relation entre les hommes. Formule magique, son effet purement psychologique ne peut agir que sur quiconque croit en sa magie (une religion établie n'est qu'une magie devenue « respectable »). Le « sens de l'honneur » n'est, lui aussi, qu'une attitude magique, fondée sur un « transcendant » qui serait la conscience, au sens moral du terme, espèce de petit bon dieu intime à l'usage exclusif de qui la possède. Cette « conscience » ne reflète le plus souvent que le besoin de l'estime de la catégorie sociale à laquelle on appartient... Formule magique, le serment procède de la vertu intrinsèque attribuée aux mots (et aux nombres), supposés agir sur « les puissances ». La fameuse kabbale juive est tout imprégnée de ces enfantillages plus archaïques que la religion même d'Abraham.

Les Anglo-Saxons font jurer le témoin sur la Bible ou sur le livre « saint » de la religion du jureur. Ils sont plus cohérents en cela que la loi française, puisque chez eux l'athéisme n'est pas admis, pas même imaginable (« Athée » est plus ou moins assimilé à « communiste », ce qui n'est pas très bien vu. Font-ils jurer les communistes ou supposés tels sur *Le Capital* ?) Là où il y a foi en un dieu et en un châtiment divin, il va de soi que le serment est pris au sérieux par celui qui le prête.

Mais chez nous, Français ? La République est, jusqu'à nouvel ordre (devrais-je écrire « jusqu'à Ordre Nouveau » ?), laïque absolument, au moins en principe, et s'interdit donc tout acte officiel à connotation métaphysique. A quoi donc, alors, peut bien correspondre ce serment qu'on prête devant une cour de justice ? A rien. C'est bien pourquoi, pour tenir lieu de cette toute-puissante entité aussi suprême qu'hypothétique à laquelle la loi française s'interdit de faire allusion, notre Code prévoit que mentir sous serment constitue tout bonnement un délit, un délit gravement punissable.

Mais alors, énoncer « Mentir sous serment est punissable » est une stupidité ! Il suffisait de dire « Mentir au tribunal est punissable » et de prévenir ainsi le témoin : « Votre déposition constitue un témoignage en justice. Elle ne doit refléter que la vérité, toute la vérité, rien que la vérité. Tout mensonge, fût-ce par omission, serait contraire à la loi et vous exposerait à des poursuites. » Rien ne serait changé quant au fond, on n'aurait fait que se débarrasser du ridicule d'un geste pseudo-incantatoire (« Levez la main droite ! ») et d'une formule carrément cabalistique...

« Oui, mais, direz-vous, ce serait du même coup se priver de l'effet impressionnant, voire terrifiant, du cérémonial du serment sur le témoin ! » Effet qui n'impressionne, justement, que les témoins impressionnables, peut les faire se troubler, bafouiller, ne plus oser être sûrs de rien... Alors que le forban chevronné, le requin de haute volée, le fanatique de la « bonne cause » se parjurent hardiment, le regard lumineux, le menton arrogant (voir l'affaire Dreyfus).

Je citais les Anglo-Saxons. Ainsi que nous l'ont rendu familier mainte série télévisée, il est courant, en Angleterre comme aux Etats-Unis, de citer l'accusé comme témoin à son propre procès. Donc, il jure. Et sur la Bible, bien sûr. Ceci donne à penser. Tout d'abord, tant qu'il n'est que l'accusé, il a donc implicitement le droit de mentir. Ensuite, étant devenu témoin, s'il ment il se parjure et risque d'être poursuivi pour faux témoignage. A lui d'apprécier si le jeu en vaut la chandelle. Qu'est-ce pour lui que le délit de faux témoignage si le crime dont il se défend est légalement beaucoup plus grave ?

Il est amusant de constater que le délit de faux témoignage existe en droit anglo-saxon MALGRÉ le serment prêté sur la Bible ! On n'a donc pas tellement confiance en la justice divine ? Alors, autant laisser Dieu et son livre en dehors de tout ça, puisque, en fait, c'est sur les barreaux de la prison qu'on prête serment !

Les Romains prêtaient serment la main sur les couilles. Il fallait posséder deux « testiculi » en bon état de marche pour avoir le droit de témoigner. Une femme ne le pouvait pas, ni un eunuque. D'où le vieux jeu de mots de la basoche : « Testis unus, testis nullus. »

Tout ce que les hommes, depuis qu'ils savent parler, et donc mentir, terrifiés par l'imparable puissance du mensonge, ont pu imaginer pour tenter d'en conjurer la malice a toujours fait appel à la caution de puissances redoutables, invisibles mais omniprésentes, c'est-à-dire à la magie. Aussi formidables, aussi ingénieuses soient les formules de conjuration (« Je le jure sur la tête de ma mère... »

« ... de mon fils... » « ... sur le Christ... » « ... sur les saintes reliques... » « Que je meure à l'instant si... » « Je veux bien qu'on me les coupe si... »), elles ne sont que des mots, à l'efficacité desquels on est supposé croire... et qui n'ont jamais empêché le parjure, même entre croyants sincères, même entre fanatiques. Car il est avec le ciel des accommodements...

Si Dieu est Dieu...

Si Dieu est Dieu, s'il est cet être infiniment bon, s'il est cette Intelligence suprême, alors il ne peut pas nous en vouloir de ne pas croire en lui.

C'est pourquoi je suis serein dans mon incroyance.

Ecoutez voir. Dieu, s'il existe et s'il est Dieu, ne peut pas avoir créé l'homme dans le dessein ridicule de se faire adorer. Il ne peut pas lui avoir donné la raison sans lui donner en même temps des manifestations tangibles, irréfutables et quotidiennes de son existence, des preuves autres que des livres « sacrés » prétendument dictés par lui une fois pour toutes, il y a très longtemps, à un homme tout spécialement « élu » et dont la seule parole fait foi.

Si Dieu, ayant donné à l'homme la raison, c'est-à-dire la faculté d'apprécier si un événement est certain, possible ou invraisemblable, fait en sorte que sa propre existence ne puisse être admise qu'en refusant de faire usage de cette même raison, alors, je vous le demande, à quel jeu joue-t-il, ce Dieu ?

Et si ce même Dieu punit d'une éternité de tourments effroyables cette créature coupable seulement de ne pouvoir faire abstraction de cette raison — que lui-même lui a donnée — pour croire aveuglément, alors un tel dieu est un névrosé narcissique, un pervers, un fou sadique. Plus abruptement dit : un salaud.

On n'a aucune garantie en face d'un salaud. Même si l'on consacre sa vie à la prière, à l'ascèse, à la charité, à la sainteté, un dieu salaud n'en aura que plus de plaisir à vous envoyer souffrir éternellement. Or, tel est le dieu qu'on nous donne à adorer, quel que soit le dogme : un tyran exigeant et borné, fait à l'image d'un homme pas très futé, mesquin, et salaud.

Un salaud est capable de tout. Il n'y a pas d'autre terme à l'alternative : ou pas de dieu, ou un dieu salaud.

J'ai choisi : pas de dieu.

Et si, pour improbable que soit la chose, Dieu existe quand même, ce Dieu infiniment bon, infiniment intelligent qu'on nous présente, alors il ne peut pas m'en vouloir de ne pas croire en lui, puisqu'il fait tout pour cela.

Je joue gagnant à tous les coups. Le fameux pari de Pascal fonctionne à rebrousse-poil.

Conseils pour la route

Pars de zéro.
Mets tout à plat.
Rejette toute tradition.
Méprise tout rituel.
Ne respecte aucun tabou.
Tiens tout symbole pour ce qu'il est : du vent.
Pisse sur le sacré.
N'écoute aucune parole « révélée ».
Fuis ceux qui ont la vérité par la foi.
Crache à la gueule des charlatans du « merveilleux ».
Ris de tout, pleure de tout, mais selon ton humeur.
Eduque ta raison, tu n'as rien d'autre.
N'admets pour provisoirement acceptable que ce que ta raison estime dûment démontré.
Laisse de côté les questions sans réponse.
Fuis la métaphysique.
Ne te conduis pas en fonction d'une morale transcendante.
Mais que ta morale soit faite des règles nécessaires à la vie de chacun dans une société harmonieuse et fraternelle.
... Sauf, bien sûr, si les hommes noirs prennent le pouvoir et rallument les bûchers. Dans ce cas, mon fils, fais semblant !

Moïse, Jésus, Mahomet et les esclaves

Aucune religion, jamais, ne s'est souciée de remettre en cause l'ordre établi, toujours fondé sur l'injustice sociale et la domination d'une minorité de riches et de puissants sur la multitude des pauvres. Seules, les hérésies naissantes, tels le christianisme à ses débuts, le luthéranisme et d'autres sectes protestantes, elles-mêmes en porte à faux contre les hiérarchies toutes-puissantes, recrutèrent parmi les couches déshéritées et proclamèrent un renversement de l'ordre social : « Les premiers seront les derniers. »

Mais, parvenues à l'état de religions institutionnalisées et, chaque fois que cela fut possible, s'étant arrogé le monopole de la vérité, toutes les religions « arrivées », sans exception, devinrent les servantes empressées de la hiérarchie au pouvoir (dont, d'ailleurs, elles émanaient, ou qui émanait d'elles, l'imbrication pouvoir-religion devenant très vite une complicité, pour ne pas dire une unicité).

Toutes les religions, en un chœur unanime, ont prôné la résignation joyeuse à son sort, l'acceptation docile de sa place sur l'échelle sociale et l'obéissance à son maître. Le seul combat permis (et recommandé !) étant la lutte contre ses propres tendances afin de parvenir à cet idéal moral censé assurer le salut éternel.

Le christianisme, mais aussi le judaïsme et l'islam ont

accepté sans étonnement comme sans révolte l'esclavage, l'ont même sanctifié, ont relégué la femme au rang d'animal à peine humain de par sa nature même, l'ont soumise au mâle, ont loué la richesse comme une auréole de sainteté, un effet palpable de la bénédiction divine, se bornant à recommander aux riches la pratique de l'aumône.

Les conquêtes sociales ont toujours été le fait de révoltés et toujours combattues comme « impies » par les autorités religieuses au service des possédants. L'égalité des femmes, l'instruction pour tous, l'interdiction du travail des enfants, le syndicalisme, l'assurance-maladie, le droit à la retraite... durent être arrachés lambeau à lambeau. L'esclavage, depuis longtemps à peu près tombé en désuétude en Occident et remplacé par le servage féodal, puis par le prolétariat, réapparut sans vergogne lorsqu'il fallut pallier la disparition de la main-d'œuvre locale des Amériques, exterminée par les vaillants pionniers. On découvrit alors que, si tous les hommes ont une âme immortelle, certains, désignés avec obligeance par la divine Providence par la couleur de leur peau, n'ont pas l'intelligence suffisamment adulte pour être capables de conduire tout seuls cette âme sur les chemins de son salut. On réinventa, à leur pieuse attention, l'antique institution de l'esclavage, qui faisait de ces incorrigibles enfants des objets appartenant en toute propriété à qui pouvait se les payer.

Tout progrès dut être conquis, souvent dans le sang, malgré les Eglises, contre les Eglises, grasses complices des possédants, ce qui n'empêcha nullement ces mêmes Eglises, après coup, de se targuer de ces victoires comme venant d'elles, grâce à quelques curés perdus qu'on avait laissés se commettre aux côtés des « salopards », quitte à les renier ou à les canoniser selon que tourneraient les événements.

Oui. Peut-être bien que, dans ma naïveté, je réinvente le marxisme. On ne manquera pas de me le jeter à la gueule, avec Staline et ses moustaches, accrochés comme une casserole à la queue du mot. C'est même certain. Je n'ai pas lu Marx, ni Lénine. Trop feignant. J'ai horreur des lectures emmerdantes. Si Marx a vraiment dit tout ça, alors je voudrais bien savoir pourquoi notre gouvernement actuel, socialiste, donc marxiste (ou bien je me trompe ?), donne tant d'espace télévisé aux culs-bénits de toutes bigarrures et si peu aux mécréants. Entre autres choses troublantes...

(Chapitre écrit en 1992.)

Laïcité

La grande polémique du voile islamique. Faut-il, faut-il pas le laisser entrer à l'école ?

Je ne comprends pas qu'on ait laissé l'affaire se gonfler presque jusqu'à la guerre de religion. Si le voile est là comme symbole, comme insigne proclamant l'appartenance à l'islam, il faut évidemment l'interdire à l'intérieur de l'école publique. Il faut, cela va de soi, interdire en même temps tout autre insigne religieux : croix de première communion, étoile de David, gris-gris « protecteurs » genre « pierre du Nord », et toute marque d'appartenance à une secte philosophico-religieuse quelconque, comme également tout insigne de parti, la politique aussi bien que la religion étant censées se taire en passant les portes de l'école. Imams, rabbins, curés, pasteurs et marabouts, dehors !

Où est le problème ?

Tradition = piège à cons

Une société humaine sans rituels, sans fêtes périodiques, sans commémorations solennelles comme sans réjouissances de masse, sans processions comme sans carnavals, bref, sans ces salamalecs collectifs qu'on appelle « traditions », serait-elle viable, ou, à tout le moins, possible ?

Tout nous donne à penser que non.

Or ces salamalecs ne peuvent pas être organisés sur la simple envie de défiler ensemble, d'entendre des discours, de se saouler la gueule massivement et de danser dans la rue. Il y faut un prétexte. Un prétexte noble, pieux ou folklorique. Si possible, les trois ensemble. Une commémoration doit être l'expression magnifiée de quelque chose à quoi l'on croit tous ensemble. Elle a une valeur magique, plus ou moins oubliée, plus ou moins consciemment perçue. Même les officielles célébrations de centenaires, de cinquantenaires, de bi-, tri- ou quadri-centenaires, les « années de » Victor Hugo, Christophe Colomb, Rimbaud, Van Gogh ou qui tu voudras bouclant le centenaire de sa naissance ou de sa mort ont un relent de magie, un vague écho de sacré, ne serait-ce que de par l'effet cabalistique des chiffres ronds : plus il y a de zéros, plus ça impressionne. Prestige du système décimal !

Donc, pas de fêtes sans symboles, pas de symboles sans rapports avec l'abstrait, avec les régions invisibles et floues où flottent les grandes âmes mortes, où règnent les Grands Principes et les Valeurs Sacrées : Patrie, Dieux, Liberté, Travail, Justice, Progrès, Culture, Victoire, Sacrifice...

Une société humaine a donc vitalement besoin de ces rapports, plus ou moins conscients, avec ce monde parallèle des abstractions perverties nées de son besoin d'« autre chose », de son imagination docilement soumise à la tradition, à l'astuce politicienne et à la rapacité mercantile.

Et vous voudriez que ça pense ?

Un groupement politique, dont l'unique motivation est le maintien en France du droit de massacrer à tout va pour faire joujou s'intitule « Chasse, Pêche, Nature, Tradition ». « Tradition » est là pour mettre des guirlandes et des lampions autour de la boucherie. Le fusil et la coiffe bretonne dansant le menuet... Et ça ne gêne personne ! Tradition, vous dis-je.

L'Église et les bêtes

A part l'hindouisme et les religions du Bouddha (encore n'y suis-je pas allé voir !), la totalité des religions de masse qui sévissent aujourd'hui placent l'homme au-dessus des animaux et lui donnent toute latitude de faire d'eux ce qui lui plaît. Pas étonnant : elles ont toutes pour base le même livre « sacré », dans lequel il est dit que « Dieu a fait l'homme à son image » et lui a donné souveraineté et propriété sur toute chose comme sur toute créature non humaine.

Le nouveau catéchisme, dont les âmes naïves attendaient je ne sais quel renouveau, ne manque pas, au passage, de renchérir sur ce point : « Dieu a confié les animaux à la gérance de celui qu'Il a créé à Son image. » ... « Si elles restent dans des limites raisonnables *(sic)*, les expérimentations médicales et scientifiques sur les animaux sont des pratiques moralement recevables, puisqu'elles contribuent à soigner ou à épargner des vies humaines. Il est contraire à la dignité humaine de faire souffrir inutilement les animaux et de gaspiller leurs vies. Il est également indigne de dépenser pour eux des sommes qui devraient en priorité soulager la misère des hommes. On peut aimer les animaux. On ne saurait détourner vers eux l'affection due aux seules personnes. » Jean-Paul II n'est pas un pape efféminé, c'est le moins qu'on puisse dire !

Un catéchisme n'est qu'un catéchisme, c'est-à-dire un manuel de vulgarisation destiné à enseigner l'essentiel du dogme à des débutants, principalement à des enfants. Il ne saurait changer le dogme. On peut dire cependant que sa dernière version met l'accent avec insistance sur des points où, étant donné la prise de conscience actuelle de la souffrance animale, on se serait attendu qu'elle se montrât plus discrète.

« Ils » ont beau instaurer la « Fête des Animaux », avec bannières, cantiques et processions pour faire plaisir aux nombreuses associations de défense parmi lesquelles les âmes pieuses ne manquent pas, « ils » sont toujours les bénisseurs de meutes à grand spectacle et d'étables automatiques où les animaux sont gavés en batterie dans des conditions épouvantables, les diseurs de messes de Saint-Hubert, ceux dont jamais la voix ne s'éleva pour condamner corridas ou combats de coqs...

Ils nous brandissent sous le nez leur « poveretto », leur saint François d'Assise couvert d'oiseaux et ayant pour ami un loup... Là comme partout, l'Eglise, tout en s'alignant docilement du côté des puissants, laissa toujours quelques isolés plus ou moins désavoués aller à contre-courant, on ne sait jamais, ils pourront servir d'alibi un jour... C'est l'histoire des quelques prêtres fusillés ou déportés pour avoir aidé des Juifs ou pour avoir fait le coup de feu dans les maquis tandis que la hiérarchie prêchait la résignation et chantait les louanges de l'ordre nouveau... Cela s'appelle avoir plus d'un fer au feu et permet, le jour venu des règlements de comptes, d'être toujours du côté du manche.

Donc, dit le caté dernière cuvée, on peut à la rigueur aimer les bêtes, pourquoi pas, si l'on est porté à la chose, mais seulement APRÈS les hommes. Tant qu'un seul être humain souffrira, si peu que ce soit, quelque part sur cette terre, on n'aura pas le droit de distraire une parcelle d'intérêt, si faible qu'elle soit, pour s'apitoyer sur le sort d'une bête ! Les animaux n'ont pas d'âme, pas plus que n'en avaient les nègres et les Indiens d'Amérique jusqu'au seizième siècle, pas plus que n'en avaient les femmes dans les siècles de haute ferveur du christianisme conquérant. Aux yeux de l'Eglise, les animaux sont des choses. Aux yeux de la loi, ce sont des « biens meubles ». Peut-être un jour accéderont-ils au statut d'êtres vivants, souffrant, aimant et méritant pitié et considération ? Cela a bien fini par arriver aux femmes et aux gens de couleur !

Il est vrai que les animaux ne parlent pas, écrivent encore moins, et donc ne déposent pas de pétition sur le bureau du pontife du Vatican ni ne défilent dans les rues avec slogans et banderoles...

Cette histoire d'âme, entité invisible, invérifiable et tellement flatteuse pour celui à qui l'on en concède une, est une invention formidable. Elle n'est pas la seule, toute religion est bâtie sur un système d'affirmations du même genre, impossibles à démontrer et donc irréfutables, tout à la fois consolatrices et terrifiantes, mais, là, on est obligé d'admirer. Affirmer à une espèce animale, en l'occurrence la nôtre, qu'elle n'est qu'en apparence semblable aux autres par son aspect et la matière dont elle est faite, mais qu'elle possède, elle, une chose essentielle et sublime, immortelle de surcroît (vas-y voir !), que les autres créatures de chair et de sang n'ont pas, que cette entité invisible est son véritable « moi » qui survivra à tout, le reste n'étant que vase provisoire, vile dépouille vouée à la putréfaction, et que cette « étincelle divine » la rend non seulement supérieure à toute autre espèce vivante, mais surtout différente en essence car procédant de la nature même de Dieu, ce qui lui donne droit de vie et de mort sur tout ce qui vit, quelle trouvaille ! C'est là le bon vieux coup de la race élue, c'est le truc démagogique des nazis affirmant aux Allemands que les Allemands sont le *nec plus ultra* de l'humanité, qu'ils sont les seuls beaux, les seuls intelligents, les seuls purs, en un mot les seuls vraiment hommes parmi tous les peuples, les autres n'étant que tentatives avortées ou bâtards dégénérés, et qu'à ce titre, eux, Allemands, ont tous les droits, y compris celui de décider de la vie, de la mort et de la souffrance « utile » des sous-hommes. Ça marche à tous les coups. Pardi !

Les animaux, eux, n'ont pas été libérés. Ils continuent à vivre, partout et toujours, sous le régime de la terreur. Pourquoi, leur ayant refusé une « âme », votre dieu, ô chrétiens, ô juifs, ô musulmans, leur a-t-il donné la capacité de souffrir, d'avoir peur, d'aimer, de mourir d'amour ?

Je dois hélas reconnaître que les rationalistes convaincus sont rarement émus par la souffrance animale. Ils partagent trop souvent, sur ce point, l'indifférence des religieux. Certes, je connais des militants rationalistes et, plus généralement, des « gens de gauche », qui luttent énergiquement pour que toute vie soit respectée, toute souffrance comme toute angoisse bannie, quel que soit l'organisme vivant qui l'éprouve, mais ils sont l'exception.

Je sais fort bien que la compassion — pour les hommes comme pour les bêtes — n'est qu'une pulsion sentimentale, un élan « du cœur » irraisonné, que beaucoup d'individus — la majorité ? — ne ressentent pas cette compassion ou, s'ils la ressentent, la font très facilement taire par intérêt, par égoïsme ou par refus de s'encombrer la conscience avec des problèmes « secondaires », et qu'ils vivent très bien comme ça. Mais je sais aussi que le fait que je sois capable d'analyser rationnellement cet élan purement « gratuit » qui me pousse à aimer ce qui vit et à protéger ce qui souffre, et que je ne me laisse nullement leurrer sur la genèse et l' « irrationalité » de cet élan ne m'empêchera pas de m'y livrer. Après tout, l'amour le plus pur, le plus ardent, n'est lui aussi que le produit du jus de nos glandes ! Savoir cela et n'en être pas dupe n'empêche nullement de se laisser aller à la passion amoureuse, d'idéaliser l'être aimé, de passer par tous les paroxysmes du bonheur et du désespoir... Le plus matérialiste des physiologistes délire au printemps comme un rossignol enamouré, tout en sachant parfaitement quels rouages, en lui, sont en cause et le mettent dans cet état !

J'en dirais autant de la faim, de la soif, du refus de la mort, du besoin religieux... Sauf que, dans ces deux derniers exemples, l'analyse conclut que, s'il y a bien besoin, et donc désir, la satisfaction de ce besoin, de ce désir, ne saurait être qu'illusoire.

Le besoin de rationalité (de comprendre « comment ça marche ») n'est lui-même pas plus « fondé » que les autres besoins. C'est un désir de répondre à l'inquiétude en refusant l'illusoire, c'est s'interdire les inaccessibles « pourquoi » pour se consacrer aux passionnants et fructueux « comment ».

Ce qui, peut-être, rend méfiants les rationalistes vis-à-vis des défenseurs des droits de l'animal, c'est que trop souvent ces derniers sont des âmes naïves, portées à certains délires consolateurs (métempsycose) ou des pratiquants qui trouvent ici ou là dans les textes « sacrés » des passages semblant encourager leur propre élan vers la vie autre qu'humaine. Il y a aussi cette plaie purulente de la vivisection. Claude Bernard, un des pères fondateurs du rationalisme, était un vivisecteur enragé. Donc, les rationalistes auront tendance à tenir en suspicion les empêcheurs de torturer en rond. Au nom de la science, certes, mais surtout au nom du « soulagement des maux des hommes », argument décisif. Or, soulager les maux des hommes, qu'est-ce, sinon de la compassion, c'est-à-dire quelque chose de tout à fait irrationnel ? Je n'ai rien contre la compassion, je viens de le dire, j'aimerais seulement qu'on l'étende à tout ce qui vit au lieu de la réserver, égoïstement, peureusement, à nous-mêmes.

La foi de nos pères

Dire, avec la ferveur qui convient, « la foi de nos pères », c'est reconnaître qu'il existe d'autres fois que celle de nos pères, et que si nous nous adonnons filialement, farouchement, au besoin jusqu'au martyre, au besoin jusqu'au massacre, à cette foi particulière, c'est parce qu'elle est « celle de nos pères », un point c'est tout.

Et c'est reconnaître du même coup que d'autres, qui n'ont pas eu les mêmes pères, peuvent donc avoir une autre foi et s'y vouer avec la même exclusivité, la même ferveur, la même frénésie.

Oui, mais chacune de ces fois s'affirme la seule et unique vraie ! Et renvoie les autres au néant, ou à l'imposture.

Alors ?

Alors, fonder sa foi sur celle de ses pères, c'est poser en certitude absolue que « ses » pères à soi étaient seuls dans le vrai, les pères des autres n'étant que des jobards ou des menteurs.

Eh bien, le croiriez-vous ? Ça marche !

Conformes

Malheur à l'homme seul !
Malheur à qui pense seul !
Malheur à qui pense !
Qui pense est seul, toujours.
Car penser est mal.
Le bien est : bien-penser.
Avec le tiret.

Un bien-pensant ne pense pas,
Il bien-pense.
Un bien-pensant n'est pas seul,
Il est la foule.

Etre la foule est bon.
Etre la foule est chaud.
Etre la foule est la certitude,
Puisque tous bien-pensent bien ensemble,
Et que si un peut se tromper,
Tous bien ensemble ne peuvent pas se tromper.

Voilà pourquoi chacun a la foi de son papa,
La foi de son grand-père,
La foi de son cousin,

La foi de son voisin,
La foi au coude-à-coude,
Bien tassés, bien serrés,
Bien au chaud.

Bien-penser n'est pas croire,
Même pas.
Bien-penser est se laisser aller,
Se laisser porter,
Porter par la foule,
Perdu dans la foule,
Dans la chaude compacte rassurante foule
Des bien-pensants.

Les bien-pensants d'ici ignorent
Qu'il y a là-bas
D'autres bien-pensants
Différents.
S'ils viennent à apprendre cela,
Les bien-pensants,
Ils ricanent de ces égarés,
Tous ensemble,
Et puis,
Tous ensemble,
Ils leur plantent dans le ventre des choses pointues.

Mais on ne leur apprend cela,
Aux bien-pensants,
Que lorsque des super-bien-pensants
Ont des choses pointues à vendre.

Miracle à l'huile

On a vu ça aux infos de la télé. Un type, les yeux au ciel, à genoux, bras écartés en croix, prie avec ferveur. Après quelque temps, de ses poings serrés suinte un liquide huileux. Miracle ! La caméra se promène sur la foule en extase. Une, comme il sied de dire, « ardente prière » monte vers le ciel. Gros plan sur le visage inspiré de la bonne sœur qui soutient le miraculé dans sa transe... Gros plan sur une mémère dans la foule, les yeux révulsés, en plein orgasme sacré.

Il sera par la suite démontré, avec moins de mise en scène télévisée, hélas (la télé est avant tout un spectacle, et un spectacle « positif », les masses n'aiment pas le « négatif »), que l'élu de Dieu (ou de la Vierge, je ne me rappelle plus quel membre de la sacrée famille était alors en cause) n'était qu'un imposteur. On l'avait pris la main dans le sac et l'éponge dans la main : deux petites éponges imbibées d'huile qu'il dissimulait, même pas habilement, dans ses manches jusqu'au moment propice.

Le plus inquiétant, le plus désespérant de ces épisodes de suinteurs d'huile, de pleureurs de larmes de sang, de porteurs de stigmates ou de guérisseurs divins, ce n'est pas tellement le fait que des truqueurs mythomanes ou escrocs encombrent périodiquement l'actualité de leurs épaisses singeries, mais bien cet autre fait que les fidèles ne s'étonnent pas, ne s'indignent pas, non de l'escroquerie, mais de la possibilité qu'un Dieu tout-puissant en sa majesté puisse condescendre à ces petits jeux de cache-cache, s'amuse à se manifester un petit peu, sans jamais se montrer carrément, par de tels « miracles » miteux (ampoule de « divin » sang qui coule ou ne coule pas, hosties sanglantes, stigmates « semblables à ceux du Christ », etc.), miracles qui ne convainquent que les convaincus d'avance et ne peuvent que faire ricaner les sceptiques.

C'est avoir une bien piètre idée de son Dieu que de croire qu'il puisse s'abaisser à d'aussi misérables tours de passe-passe.

Si vraiment

Si vraiment ce monde où nous sommes a été créé, créé par quelqu'un qu'il est convenu d'appeler Dieu, alors tout se passe comme si ce personnage doué du pouvoir de créer (par définition) était un arriéré mental incohérent et brouillon, un impulsif à tendances sadiques, un caractériel infantile... En somme, un enfant dieu débile et dangereux qu'on aurait isolé dans un coin lointain d'univers pour qu'il fiche la paix au monde en faisant joujou sur son tas de sable à arracher les pattes des mouches. Les mouches, c'est nous.

Cérémonies

L'existence même des religions, leur position dominante quasi universelle font que l'athéisme (dans le sens placide de « non-croyance », voire de simple doute, d'examen objectif) est acculé à une position de combat. Si les religions n'existaient pas, nous serions tous tranquillement incroyants, nous ne donnerions pas aux questions « qui nous dépassent » des réponses religieuses. Nous nous contenterions de constater notre impuissance (peut-être provisoire ?) à y répondre, nous les contournerions, les laisserions de côté, en nous disant que, peut-être, un jour, à son heure, la solution nous en apparaîtrait et que, sinon, il faudrait bien nous contenter de comprendre ce qu'il nous est donné d'appréhender (domaine qui va s'élargissant sans cesse, vous ferai-je remarquer).

Mais les religions (ou plutôt les religieux) sont là, avec tout leur prosélytisme conquérant. L'athéisme et l'agnosticisme ne sont, de ce fait, pas seulement des non-croyances, mais bien, par force, des anti-croyances. Or, ne pas croire, lutter contre la foi, débarbouiller le merveilleux, est une attitude négative. Comme celle qui consiste à démystifier les charlatans guérisseurs ou à contredire un démagogue politique prometteur de lune. Le charlatan gagne à tous les coups, même implacablement démasqué, même pris la main dans le sac. Car, lui, il apporte quelque chose, fût-ce du rêve. Car, lui, il est dynamique, sympathique, convaincant, affirmatif. Il sait mettre les rieurs de son côté. Et puis, il n'a que ça à foutre, c'est son métier. Alors que le dénigreur est négatif, ne sait que démolir, tuer le rêve. Au nom de la vérité ? Mais la vérité, que chacun croit priser plus haut que tout, n'est en fait supportée que si elle confirme nos aspirations, calme nos angoisses, donne à notre existence une justification et une raison d'être...

Si le fait religieux n'existait pas, il n'y aurait pas d'athées ! Puisque l'on n'est athée que par opposition à ces dieux qu'on nous inflige. Pas de dieu, pas d'athée ! On expliquerait les choses aux enfants selon les données de la connaissance, on avancerait dans le déchiffrement de la nature au pas de la science, sans chercher à aller plus loin que le domaine accessible, sans se laisser aller à batifoler par les chemins fleuris mais incontrôlables de la métaphysique.

Alors, il n'y aurait pas de fêtes, pas d'orgue, pas d'encens, pas de bannières, pas de chasubles dorées, de mitres, de crosses, de processions ? Ce serait sec, votre truc. Et triste. Et sinistre. Même les athées militants de la Révolution ont senti le besoin de donner au peuple des cérémonies : le fameux culte de la déesse Raison... Eh, oui. Ils ont eu bien tort. C'était mépriser le peuple tout autant que l'avaient méprisé les curés. Mais peut-être s'étaient-ils aperçus que le peuple ne se mène que de cette façon ?

Führer recrute brutes pour grande aventure (idéal fourni)

Au nom de l' « efficience » et du pragmatisme, on a fait de l'enseignement un pré-apprentissage, on a transformé l'école en centre de tri, réduisant à presque rien cet « enseignement général » qui est la véritable formation de l'esprit, son ouverture à la connaissance, à la curiosité, à la vraie culture, enfin, celle qui n'a rien à voir avec cette divinisation des arts d'agrément montée en épingle par les médias et les ministres de la chose.

Il ne s'agit là nullement d'une adaptation à un monde qui, c'est vrai, a évolué, mais bien d'une démission. Les Américains, peuple ignare, ont de bonnes joues, une conscience sans plis et sont les maîtres du monde. Ce qu'ils décrètent beau est le beau, ce qui ne les amuse plus est universellement ringard. Ils sont le modèle de la réussite, ils fascinent élèves et parents d'élèves, terrifiés en même temps par le trop fameux et, hélas, trop réel « spectre du chômage ».

Nous formons à la chaîne des générations d'ignares satisfaits, ne soupçonnant même pas à quel point ils le sont. Pas curieux, pas intéressés « gratuitement ». A la rigueur excellant dans leur spécialité professionnelle, mais complètement coupés du reste. Incapables de suivre un raisonnement, incapables même de fixer leur attention.

Les animateurs de radio le savent bien, qui, présentant un débat pourtant bien débile, le coupent toutes les deux minutes et demie par un disque d'une musiquette quelconque, car « l'auditeur ne supporterait pas une seconde de plus de parlotte et décrocherait ».

Le niveau des jeux télévisés et l'ignoble ton bonimenteur flatte-cul des présentateurs, mieux que tous les sondages, reflète l'état mental exact de cette masse monstrueusement majoritaire pour qui tout est fait.

Nous formons — si j'ose dire — des ilotes, des imbéciles arrogants, des assistés revendicants, des troupes potentielles pour démagogues brailleurs d' « idéaux » de pacotille à base de chauvinisme, de racisme, d'exaltation de la brutalité, de la « pureté », de la « tradition », et prometteurs d'aventures collectives fracassantes.

La résurgence des religions « traditionnelles », idéaux de pacotille bien rodés, entourées d'une aura de respectabilité et rassurantes par leur conformité avec le milieu social, va de pair avec le formidable essor de cet autre idéal pour cerveaux infirmes : le « New-Age », autrement dit les charlatans et les illuminés de l'occulte, astrologues, voyantes, guérisseurs, gourous, marabouts et même sorciers...

L'ordinateur et le marécage

Mais pourquoi perdre son temps à leur démontrer la contradiction entre la réalité de leur vie et l'existence d'un dieu infiniment bon ? Pourquoi s'échiner à leur mettre sous le nez l'impassibilité de l'Univers devant le destin des êtres et des choses, et en particulier celui des hommes ? Pourquoi leur poser devant les yeux le dilemme implacable : ou pas de dieu, ou un dieu cruel, pervers, débile et, d'après son prétendu « Livre » même, incohérent, capricieux, jaloux ?

Ils s'en foutent bien, des raisonnements, des dilemmes et des contradictions ! Ce n'est pas la raison qui les mène. Leurs prêtres leur ont appris à mépriser la raison, à s'abandonner corps et âme à la foi, c'est-à-dire à la bête. Ils ont besoin, intensément, viscéralement, désespérément besoin d'avoir peur, ils ont besoin qu'une chose existe : la culpabilité, et d'avoir peur d'être coupables, et ils ont besoin qu'une autre chose existe : l'espoir, et d'espérer être pardonnés quand ils se savent coupables. Ils ont besoin qu'existe le péché, et le frisson de la peur de la damnation frôlée, et le crime, le sacrilège, l'énormité dans le mal, l'implacable fatalité du péché...

Ils aiment leur peur, ils jouent avec le feu, et ils aiment, ayant péché, se repentir, s'avilir, se traîner aux pieds de leur dieu, ce père aux yeux terribles, se vautrer dans l'abjection de leur indignité et de leur pardon imploré, ils aiment cela, la bête en eux aime cela, c'est la vieille peur crocodilienne des temps du marécage, élaborée, modulée par les sursauts de logique de leur pensée plus ou moins humaine qui, elle, fonctionne vaille que vaille en processus de raison, et le choc de cette terreur innée, irraisonnée, et du mécanisme logique produit ces contradictions morbides où ils se débattent, où ils se complaisent.

L'intelligence (le processus de raisonnement) du croyant fonctionne comme un ordinateur de qualité acceptable dans lequel on « entre » des données aberrantes et qui construit là-dessus des systèmes formellement impeccables, mais délirants.

Femmes

Ils ne les aiment pas,
Les femmes.
Ils ne les ont jamais aimées dans les siècles des siècles.
Il peut leur arriver d'aimer le cul des femmes,
Et aussi le ventre des femmes,
Et aussi les seins des femmes,
Et aussi toutes les bénédictions qui parfument le corps des femmes,
Il peut même leur arriver de s'en délecter,
Mais ils n'aiment pas les femmes.

Ils feignent, aujourd'hui, de les admettre comme leurs égales.
Ils mentent.
Ils ne peuvent voir en la femme que l'objet du désir.
Sauf si elle est vraiment trop moche,
Alors ils l'ignorent.

Quand le désir est repu, l'homme est fatigué,
Déprimé,
Alors il rejette la femme,
Vase de perdition,
Instrument de Satan,

Incitatrice à pécher,
Tentatrice,
Fornicatrice,
Impure.

Ils lapidaient la femme adultère,
Mais pas l'homme.

Ils les tiennent, au fond d'eux-mêmes, pour inférieures,
Ebauches à peine humaines,
Tirées de l'homme,
Pour l'homme,
Pour son usage.
Bêtes de somme,
Instruments de plaisir,
Admiratrices,
Consolatrices,
Couveuses-pondeuses pour les fils qu'ils confient à leur ventre,
Intelligences infirmes,
Emmerdeuses à caprices...

Et maintenant : concurrentes !
Echappées de la cuisine pour l'université
Et même pour l'armée
— Salopes ! —,
Battantes, gagneuses, jeunes louves :
Voleuses !
Aimant l'amour pour l'amour,
Voulant l'amour sans le fruit de l'amour
— Salopes ! Salopes ! Salopes ! —
Précautions, contraception, avortement...
Sacrilège !

Dieu n'aime pas cela.
Dieu les a faites ventres,
Ventres doivent-elles rester.
Ventres soumis,
Ventres féconds,
Avec, dessous, deux genoux articulés
Qu'elles peuvent plier
Pour prier.

Laissez venir à moi les petits enfants ! Et aussi les mamans...

Il arrive que des gens qui ne m'aiment pas — si, si, il y en a, l'eussiez-vous cru ? — me taxent, dans une intention que je suppose désobligeante, d'anticléricalisme primaire. Je ne manque jamais de faire observer à ces haineux, afin de leur éviter de réitérer la bévue devant des oreilles moins indulgentes que la mienne — ah, oui : je n'en ai qu'une en état de marche —, qu'on ne dit pas « anticléricalisme primaire ». C'est l'anticommunisme qui est primaire. L'anticléricalisme est « désuet ». Règle d'or : ne pas mélanger les clichés, cela perturbe l'interlocuteur. Un interlocuteur perturbé est quelque chose d'assez pénible à contempler, surtout après avoir déjeuné de tripes à la mode de Caen.

Qui donc a décidé une fois pour toutes que l'anticléricalisme est désuet ? Les cléricaux, bien sûr, qui voulez-vous d'autre ? Or — là, c'est de la logique, cramponnez-vous —, or, dis-je, le cléricalisme a précédé l'anticléricalisme. Forcément. Pour que le phénomène de rejet d'une certaine entité (rejet exprimé par le préfixe nettement répulsif « anti ») se produise, il faut de toute nécessité que préalablement ladite exécrable entité existe. La cause précède l'effet. La pestilence précède le dégoût. Tout au moins dans cet univers einsteinien à trois dimensions spatiales plus une temporelle où nous vaquons aux affaires courantes.

Donc, le cléricalisme ou, pour parler net, la bondieuserie, est plus désuet(ète) que l'antichose, que nous pouvons entre nous appeler la mécréance. Et alors, vous croyez que ça les gêne ? Que nenni ! Faites une expérience. Expliquez posément ce que je viens de vous exposer ci-dessus avec ce brio qui me caractérise à un clérical pris au hasard, par exemple un avec une soutane et une tonsure. Assurez-vous par quelques questions pertinentes que ledit bestiau a bien compris la démonstration, et alors, mais alors seulement, regardez-le arrogamment droit dans les yeux et modulez à pleine gorge le traditionnel outrage : « Croâ ! Croâ ! » Observez bien la suite. Plutôt, non, ne vous fatiguez pas, je vous la résume ci-après. Aussitôt ouï le croassement impie, le clérical hausse de sarcastiques épaules et laisse tomber de ses lèvres blasées : « Peuh... Anticléricalisme désuet. »

C'est, dirai-je, le bouclier universel. Vos sacrilèges onomatopées s'y brisent et tombent, sans force, dans la fange grisâtre où elles se diluent. Et la populace, troupeau stupide, d'applaudir l'imposteur de noir vêtu, car ainsi est-elle, la populace vile.

C'est pourquoi il est si difficile aux athées, mécréants, libres-penseurs et autres compisseurs de bénitier de renouveler leurs angles d'attaque. Il leur faut sans cesse étonner, trouver des arguments encore inédits, sous peine de se voir -- avec quel souverain mépris ! — qualifiés de « désuets » et renvoyés sous les quolibets dans les ténèbres extérieures. Alors que les curés, rabbins, bonzes et ayatollahs de tout poil n'ont qu'à se laisser porter par le train-train, livre sacré au poing, tant plus que c'est désuet tant plus que c'est bon (là, on ne dit plus « désuet », on dit « tradition » et « révélation »).

Bref, en matière de mécréance, l'adjectif « désuet » est

aussi mortel que l'adjectif « ringard » peut l'être dans un contexte plus profane. Et tellement la trouille ils ont d'être désuets, les qui-vont-pas-t-à-la-messe, qu'ils se font discrets discrets, au point qu'on ne les entend ni ne les voit plus. Il faut les comprendre. C'est dur d'être traité de désuet à longueur d'année...

Si bien que les curés et leurs ouailles bêlantes peuvent tout à leur aise dépecer l'école publique, détourner les sous des impôts à nous, mécréants, par la force arrachés, pour gaver de bondieuseries et de haine de la République leurs curaillons en graine, placer le Tour de France (cette merde de pub tonitruante) sous l'égide des Chouans du Puy-du-Fou (pas désuets, ceux-là, hé ?) et, depuis Pétain et ses potes vert-de-gris, grignoter peu à peu la laïcité de l'Etat pour refaire de la France, « fille aînée de l'Eglise » et de son maquereau le pape, une « terre de croisade », c'est comme ça que ça cause.

Les douze années de piteux intermède socialiste n'ont été qu'une enfilade de concessions et de démissions offertes avec le sourire par ces clowns « de gauche » (mon cul !) qui ont magnifiquement préparé la reprise en main des masses par les marchands de mensonge, de même qu'ils ont préparé le retour du capitalisme cannibale des débuts de la révolution industrielle. Tant que le goupillon suffit, le fric peut se passer du sabre.

Et donc, en cette joyeuse fin de siècle, plus personne ne se risque à honnir publiquement les empiétements des curés de choc, pas même sur le ton de la plaisanterie de bonne compagnie. Tout ce qui touche à la religion est, c'est le cas de le dire, sacré.

Eh bien, le croiriez-vous, ça leur manque, aux très chers pères ! L'anticléricalisme désuet, parfaitement. Et puisque les athées, les mécréants et autres grandes gueules se cantonnent dans un silence prudent, ils ont décidé de s'anticléricaliser-désuet eux-mêmes.

C'était un soir, je zappais comme je zappe, je mordais dans mon saucisson-beurre, rien ne m'accrochait, même pas un de ces polars bavarois à la con auxquels on s'accroche comme à une chope de bière, je me suis retrouvé échoué dans les infos, me demandez pas sur quelle chaîne, qui fait attention à ces choses ? Tout ce que je peux vous dire, c'est que ça se passait dans la semaine du 30 juin. Enfin, il me semble. Ou peut-être celle d'avant ?... Voilà le gars, dans la fenêtre (Masure ? Non, c'était pas Masure. Ah, cette mémoire...), qui annonce qu'un énorme scandale secoue en ce moment même l'opinion publique des Etats-Unis d'Amérique du Nord (U.S.A.). Figurez-vous qu'une enquête policière extrêmement sérieuse aurait révélé que les prêtres américains chrétiens de la variété catholique romaine se livrent avec ferveur, avec fureur, à des exploits sexuels qui, même chez les laïcs non liés par le vœu de chasteté, seraient qualifiés de débridés... Si ma mémoire ne me trahit pas une fois de plus, deux mille (2 000) d'entre ces élus du Seigneur sont convaincus de fornication habituelle avec leurs ouailles (mariées ou non, femelles ou non) et même de constitution de harems fort éclectiquement pourvus. Quatre cents (400) de ces directeurs de conscience pratiqueraient activement la pédophilie dans ses innombrables variantes... Oh, oh, me dis-je, se faire sucer par les mamans aux maris défaillants, passe encore. Mais défoncer sacerdotalement le tendre anus des petits enfants dont l'Evangile proclame qu'il faut les laisser venir à lui, c'est peut-être dépasser la lettre de l'Ecriture, non ?

Tout de suite après l'énoncé de ces faits navrants venait un appel du pape, lequel ne manquait pas, il faut lui rendre cette justice, de déplorer l'effet à coup sûr néfaste de la chose pour l'image de marque de l'Eglise. Le Saint-Père ajoutait qu'il était souhaitable que des mesures fussent prises, l'avortement éventuel étant, cela va de soi, exclu d'emblée. Il ne l'a pas dit, mais on sentait bien qu'il espérait que les bons pères n'ont pas ajouté, au péché de fornication, celui autrement grave d'utilisation de préservatif.

Je fus, mettez-vous à ma place, assez secoué. Je consultai le calendrier. Non, nous n'étions pas un 1er avril. Je guettai d'autres journaux télévisés. Je consultai la presse écrite du lendemain. Le croirez-vous ? Plus aucune allusion. Nulle part. Le silence des agneaux. Avais-je donc rêvé ? Mon anticléricalisme aussi notoire que désuet m'aurait-il fait entendre d'illusoires discours, d'origine sans nul doute satanique ?

Ceci est un appel. Si, parmi vous, lecteurs, il s'en trouve qui ont entendu ce que j'ai entendu, ô tirez-moi d'un doute cruel, amis ! Car voyez-vous ce que je vois ? Si tout cela n'est pas un leurre, alors il existe en France une conspiration du silence qui vise à ne pas faire de bulles dans le bon populo au moment où l'on étrangle légalement l'école publique pour confier les petits enfants aux gentils prêtres.

Il y a déjà — chose infâme ! — des aumôniers dans les lycées. Faudra-t-il y adjoindre des infirmières recouseuses d'anus ?

En tout cas, ne comptez pas sur moi pour ricaner lourdement et faire sur l'événement les attendues galipettes de l'anticléricalisme désuet. Les curés font ça tellement mieux que moi ! Et pas seulement en mots, les vaches : en action ! Je suis vexé.

Big Bang

Les créationnistes, ces chrétiens purs et durs qui réduisent toute science à l'étude de la Bible, exultent depuis que les astrophysiciens donnent comme de plus en plus probable la possibilité d'un « Big Bang » à l'origine de l'actuel mouvement de dispersion générale des galaxies. Ce « Big Bang », mais c'est l'éclatante confirmation de la Création telle que l'enseigne la Genèse !

Peu leur chaut que ces mêmes astrophysiciens situent l'éventuel « Big Bang » à quelque quinze milliards d'années dans le passé, alors que la Bible fixe avec précision la Création du monde en l'an 4004 avant Jésus-Christ, soit il y aurait, à ce jour, 5 996 ans !

Il est vrai qu'on peut toujours ne retenir des données de la science que ce qui vous arrange, ignorer superbement qu'avant le supposé « Big Bang » il y avait autre chose, peut-être une période de contraction, et qu'en tout cas « réduit à un quasi-point géométrique » ne signifie pas le néant, etc. Il ne s'agit plus que de jouer sur les mots et les chiffres. Affirmer, par exemple, que les sept jours de la Genèse doivent se comprendre comme des « jours » symboliques (les dieux raffolent des symboles, des paraboles, des fariboles...), qu'il faut les interpréter comme représentant des ères de centaines de millions d'années... Ben, voyons !

Ce n'est plus qu'affaire de pieux baratin, et là, faites-leur confiance, leur impudence n'a d'égale que l'avidité de leurs ouailles à gober leurs sornettes.

Athée ? Agnostique ?

Les esprits distingués se plaisent à souligner la différence qu'ils dressent entre « athée » et « agnostique ».

J'estime que c'est là discussion oiseuse.

L'agnosticisme consiste à constater qu'à certaines questions on ne pourrait répondre que par des affirmations dénuées de tout fondement, au premier rang desquelles la question de l'existence éventuelle d'une entité transcendante, créatrice et toute-puissante : Dieu.

L'athée est celui qui décide d'adapter sa conduite à cette constatation, c'est-à-dire de ne tenir aucun compte de l'existence ou de la non-existence de cet être hypothétique, les « preuves » qu'on lui présente de sa réalité étant par lui reconnues inconsistantes, fallacieuses, puériles et donc inacceptables pour la raison.

L'athée qui irait proclamant que l'inexistence de Dieu est démontrée serait en contradiction avec lui-même : il ferait acte de foi, cette foi fût-elle négative. En effet, ayant admis que la question même de l'existence d'un Dieu se situe hors du domaine des questions « permises » et n'a donc pas à être posée puisqu'on ne pourrait y répondre, dans un sens ou dans l'autre, que par des affirmations indémontrables, il la pose quand même et y répond péremptoirement. « Non » est tout aussi téméraire que « Oui ».

L'athée cohérent se garde bien d'accepter la discussion sur ce terrain. Une fois pour toutes il ignore Dieu et le problème de son existence, il se conduit en tout sans tenir compte de ces chimères.

L'agnosticisme est un raisonnement.

L'athéisme est un comportement.

L'un découle de l'autre.

Le saviez-vous ?

Jésus-Christ n'a jamais dit que sa mère était vierge.

Jésus utilisait-il une capote ? Non ? Alors, pas de capote !

Vous avez peur des Verts. Vous vous trompez d'adresse. C'est des curés qu'il faut avoir peur !

On vous présente les Verts comme des boute-feu anti-progrès, des rêveurs coupés de la réalité, des nostalgiques de la bougie et des sabots de bois...

On se garde bien de vous expliquer que, tout au contraire, les Verts, c'est le progrès, le vrai. C'est-à-dire la planète et nos petites vies gérées par la raison, l'efficacité, la justice, à la place de l'énorme et criminelle gabegie actuelle imposée par l'égoïsme et la mégalomanie des puissants de l'industrie et de la finance, secondés par leurs valets de la politique.

Evidemment, si, pour vous, le progrès c'est de plus en plus d'autoroutes pour y rouler de plus en plus vite dans des bagnoles ou sur des motos de plus en plus grosses avec un Saint-Christophe pour la sécurité, laissons tomber, nous ne parlons pas de la même chose.

La religion, toutes les religions, c'est l'éteignoir. Même s'il y eut des jésuites érudits, même s'il y eut un Pascal bigot et un Descartes soumis (Que n'eussent-ils pas osé, ceux-là, si...), rien jamais ne s'est pensé, ne s'est remis en cause, ne s'est découvert par elles. Tout, au contraire, s'est fait malgré elles, contre leur opposition, souvent acharnée jusqu'au bûcher.

La religion aujourd'hui a beau jeu de se targuer d'avoir aidé aux progrès de l'esprit. Comme les patrons qui se targuent des conventions collectives, des lois sociales qu'il fallut leur arracher en un long, en un sanglant combat !

Le problème qui domine tous les autres, celui qui déclenchera les épouvantables catastrophes de demain et qui, dès aujourd'hui, réduit l'immense majorité de l'humanité à une misère abjecte, c'est la surpopulation. Les Verts l'ont compris. Les Eglises, non. Le pape s'oppose absolument à tout aménagement de la lettre de l'Evangile. Même le sida n'a pu fléchir cette position imbécile (ou calculée ?).

Qui est contre le progrès, le vrai ?

La maladie infantile des civilisations

Il est à peu près impossible qu'un individu imprégné dès sa tendre enfance de la Bible, des Evangiles, du Coran ou de tout autre « message » sacré énonçant sur toute chose la vérité révélée par Dieu lui-même une fois pour toutes ait la tête suffisamment libre et le jugement disponible pour pouvoir se livrer avec une objectivité totale à l'étude de la nature (y compris de la psychologie humaine).

Les livres dits « sacrés » sont l'éteignoir, l'étouffoir de la raison, la source des fanatismes et des résignations, la référence des charlatans.

Quiconque a été élevé religieusement sera suspect toute sa vie, car les impressions reçues pendant l'enfance (les prêtres le savent bien !) s'impriment très fort dans l'inconscient...

... A moins que l'individu, doté par chance d'une raison exigeante, génératrice de doute, et donc de scepticisme, et donc d'inquiétude, et ayant eu cette autre chance de rencontrer des maîtres qui lui ont appris à s'en servir, n'ait osé passer au crible du doute le sacré même et ne soit devenu un militant antireligieux des plus actifs, plus actif même que l'enfant de parents athées élevé dans l'ignorance de la notion de divin, car lui sait ce qu'est le frisson religieux, la tentation de l'abandon à la foi qui-a-réponse-à-tout, l'attrait du mysticisme, la séduction des « mystères » et les « raisonnements » spécieux des prêtres, et aussi l'intense émotion de la musique sacrée, des chants en commun, de l'ambiance des lieux de culte, bref, de la mise en condition des âmes toutes prêtes à confondre émoi esthétique et présence divine.

Là est le dilemme : un enfant élevé dans la religion aura toutes chances de devenir un cul-bénit docile ou un mystique fanatique, mais aussi une très faible, très infime chance d'évoluer vers un athéisme serein, solidement fondé et documenté. Pour lui, le phénomène religieux sera un objet d'étude comme n'importe quelle aberration de la démarche mentale, alors que l'enfant élevé dans l'ignorance du fait religieux n'en comprendra pas l'importance psychologique et sociale, ne perdra pas son temps à ces billevesées et, bref, se conduira en indifférent.

En religion comme en politique, les indifférents font le jeu des actifs. Les plus actifs sont les extrémistes.

Or, le fait religieux est là, toute société humaine en est imprégnée, il influe profondément sur les positions philosophiques et idéologiques des individus, il unit et fait se mouvoir les foules, il a puissamment aidé à l'écroulement de l'empire bolchevique, il est derrière toutes les guerres, toutes les ruées en masse, qu'il suscite ou qu'il justifie. Le fait religieux est une maladie infantile des sociétés humaines. Une maladie peut-être mortelle. On ne peut l'ignorer.

Faut-il donc donner une éducation religieuse aux enfants dans le seul dessein de leur faire toucher du doigt la folie religieuse ? Et prendre, chaque soir, le contre-pied des leçons du catéchisme ? Ce serait aussi ridicule que l'obstination de ces pères « créationnistes » américains qui, patiemment, obstinément, répètent à leurs enfants que Darwin est une incarnation du démon, que le professeur de sciences nat' est un menteur, que l'homme fut créé tel quel il y a exactement cinq mille et quelques années et que seule la Bible dit vrai.

Il ne suffit pas de ne pas croire. Encore faut-il expliquer pourquoi le verbe « croire » ne doit jamais se conjuguer à la première personne du singulier.

Lourdes (bis)

Pourquoi sont-ce toujours des paralytiques, des muets, des ankylosés, des mal-au-ventre, des constipés, enfin, bref, des entiers, qu'elle daigne guérir, la Vierge ? Pourquoi ne fait-elle jamais repousser une jambe coupée, là, sous nos yeux ? Ça ne devrait pas lui coûter plus, enfin, quoi. Pour le bon Dieu, faire disparaître une verrue ou reconstituer un cul-de-jatte, c'est du pareil au même. Et ça, oui, ça aurait de la gueule, ça !

Tiens, je ne lui en demande pas tant, à la bonne Sainte Vierge. Qu'elle fasse seulement, devant moi et quelques témoins à l'œil aigu, pousser instantanément une tignasse bien fournie sur le crâne d'un chauve, je crierais « Alléluia ! » et je courrais me repentir. Après avoir tiré un bon coup sur la tignasse, tout de même, voir si c'est du boulot sérieux.

En marchant

Les aphorismes, les proverbes, les citations des livres sacrés sont en général des constatations d'évidences qui ne nous apprennent rien, ou des inepties prétentieuses.

Prenons cette chose émise il y a longtemps par un Grec célèbre, je ne sais plus lequel :

« Le mouvement se prouve en marchant. »

Avec ça, péremptoirement énoncé, on a rivé bien des clous depuis quelque vingt-cinq siècles et mis à tout coup les rieurs de son côté. Voyons ça d'un peu plus près.

Cette phrase se présente comme une réponse, laquelle suppose donc une question préalablement posée. Une question qui aurait été :

« Le mouvement existe-t-il ? »

Or, si quelqu'un en est venu à se poser cette question, c'est que ce quelqu'un avait déjà marché (ou vu quelqu'un d'autre marcher), c'est-à-dire avait constaté l'existence d'un phénomène, qu'il nomma « mouvement », et qui causait sa perplexité. Dans un monde d'immobilité absolue, l'idée même de mouvement ne serait pas éclose. C'est parce que l'existence de ce phénomène constaté, le mouvement, ne lui semblait pas suffisamment établie par sa mise en action que notre « quelqu'un » de tout à l'heure fut amené à poser la question. La réponse « Le mouvement se prouve en marchant » ne nous apporte donc rien de nouveau. Elle se débarrasse de la question par une pirouette, elle feint de n'avoir pas compris où gît la perplexité (peut-être n'a-t-elle en effet pas compris !). Ce n'est qu'une échappatoire, un mot d'esprit, et pas du meilleur.

Rien ne permet de supposer que les philosophes de l'école d'Elée, qui niaient le mouvement, eussent été des culs-de-jatte ou des paralytiques totaux. C'est à un autre niveau que celui de la constatation brute qu'ils situaient le problème de l'existence ou de la non-existence du mouvement. Y répondre en rabaissant le débat à un niveau qui n'est pas le sien est une tricherie.

Pieuse abstinence

Tout acte symbolique est le fossile desséché d'un vieux tabou, c'est-à-dire d'une pratique magique. Il y a magie quand il y a prétention d'agir, par des procédés rituels, sur les desseins de puissances supérieures supposées régir le monde, en particulier le destin des hommes. Le tabou est une magie négative, en ce sens que c'est la transgression d'un interdit qui déclenche des conséquences fâcheuses pour le fautif.

L'obligation de faire maigre le vendredi n'est plus guère respectée, en France tout au moins. On se contente (et encore !) de l'abstinence très relative du Vendredi saint. Ce refus de manger de la viande le jour où fut mis à mort le Christ n'est plus perçu que comme un acte de déférence, un petit geste symbolique destiné à exprimer la compassion envers celui qui s'est sacrifié pour sauver les hommes, c'est bien le moins. La viande est chair morte, tuée et sanglante, l'analogie du sang versé incite à s'abstenir du meurtre, fût-ce celui d'un animal, par respect pour la divine victime. Un peu comme on soulève son chapeau devant un enterrement.

Il n'en a pas toujours été de même. Violer le tabou de l'interdit de la viande le vendredi (et aussi d'autres jours précis répandus tout au long du calendrier) était un sacrilège et un péché mortel. Des gourmands périrent sur le bûcher pour un petit morceau de lard. Notons en passant l'inconséquence d'un dogme qui instaure le cannibalisme rédempteur. (L'eucharistie, je le répète, consiste à manger Dieu, non pas symboliquement, mais bel et bien, en chair et en os : il y a transsubstantiation du pain en chair du Christ et du vin en son sang, pain et vin condensés, dans le rite romain, en la seule hostie.) et qui en même temps professe l'horreur rituelle de la nourriture charnelle afin d'honorer ce dieu qu'on dévore...

Où l'inconséquence atteint des sommets, c'est lorsque cette obligation de s'abstenir de toute viande exclut la consommation du poisson ! Le poisson n'est pas considéré comme un animal. Pas plus d'ailleurs que les coquillages, les crustacés, les grenouilles, enfin tout ce qui vit dans l'eau... Lointain souvenir biblique d'un temps où les Hébreux n'étaient pas très ferrés sur l'histoire naturelle et considéraient les bêtes aquatiques comme dépourvues de vrai sang rouge, ce sang qui, pour eux, était la vie même... L'impudence des prêtres, sans peur du ridicule, étendit la notion de « gibier d'eau », donc échappant à l'interdit de la chair, aux animaux se nourrissant de poisson. Manger un œuf était sacrilège, mais non un canard sauvage ou une loutre ! Evidemment, il fallait pouvoir se les payer...

Les jours « maigres » et le jeûne, s'ils sont aujourd'hui et chez nous peu observés, ne sont pas pour autant supprimés. Le jeûne du carême est le symétrique du ramadan des musulmans. Simplement, il est tombé en désuétude, et l'Eglise s'est inclinée, les âmes relativement pieuses ne tenant pas à gâcher leurs vacances de neige pascales par des restrictions sur la bouffe.

Stigmates

Il y avait longtemps... Si longtemps qu'on croyait la mode des stigmates un peu passée. Et voilà qu'une quadragénaire ressuscite la coutume. Elle a reçu du Ciel, directement, la mission urgente de porter au monde la bonne parole. Le Christ lui a parlé et l'a honorée des stigmates. Pour les mécréants qui, par hasard, liraient ceci, les stigmates sont des plaies reproduisant les blessures du Christ sur la croix : trous aux mains et aux pieds, là où s'enfoncèrent les clous, et aussi une plaie au flanc, là où piqua la lance du légionnaire. Bien sûr, les trous ne traversent pas complètement les mains ni les pieds, on ne voit pas le jour à travers, ce sont seulement des plaies symboliques, des signes sacrés de l'estime de Notre-Seigneur, de petites marques d'amitié... Bien sûr, ce n'en sont pas moins des miracles, bien propres à raviver la foi indolente et à faire marcher l'industrie hôtelière locale. Notre brave dame, déjà, a bobo à ses mains, ça rougit de jour en jour, pas de doute : ça va bientôt saigner, les médias rappliquent, caméra sur l'épaule. Attendons avec confiance, ça saignera.

Dites voir, s'ils l'avaient empalé, leur Jésus-Christ, où les porteraient-ils, les stigmates, les élus de Dieu ?

Où Dieu se mord la queue

Si Dieu a tout créé, qui a créé Dieu ?

Sempiternelle question, à quoi il est sempiternellement répondu :

Dieu préexiste à tout. Il est éternel et increé. Voilà.

Evidemment, après cela, il n'y a rien à ajouter.

Si cependant le questionneur insiste, lui arrive aussitôt dans les gencives la réponse complémentaire suivante, qui clôt définitivement le dialogue :

La nature exacte de Dieu, de même que les notions d'infini dans l'espace, d'éternité dans le temps, de perfection dans les qualités et, plus généralement, d'absolu, sont des questions dont les réponses se situent au-delà des limites que Dieu a posées à cet entendement qu'il a bien voulu mettre en sa créature. C'est pourquoi on les appelle des mystères.

Bien. Alors, pourquoi n'avoir pas commencé par là, par répondre cela, je veux dire, dès la première question ? En effet, dès cette question posée, du fait même de la poser, nous touchions aux limites de notre entendement. Et même dès celle-ci, qui est censée les précéder :

Qu'est-ce que Dieu ?

Cette question est une manifestation de l'imperfection

de notre entendement. Elle ne comporte pas de réponse sensée.

Il est des cas où reconnaître que la question ne comporte pas de réponse est la seule réponse raisonnable. Dérobade ? Pas plus que la réponse des déistes. Oui, mais...

Oui, mais pourquoi les tenants de Dieu ont-ils attendu la question numéro deux, ni plus ni moins fondée que la première (et que l'avant-première), pour brandir l'infirmité de notre raison, son incapacité à répondre à certaines questions et même à apprécier la pertinence de ces questions ?

Tout simplement parce que, avant de déchirer la page du questionnaire et de clore le bec au questionneur, il leur fallait introduire Dieu. Une fois Dieu dans la place, on pouvait jeter la clef par la fenêtre, déployer les voiles des mystères et accrocher aux murs les lampions et les guirlandes du rituel.

« Au commencement était le Verbe », dit le supposé Evangile du supposé Jean. Le Verbe, c'est-à-dire la parole, mais vous aviez compris. C'est-à-dire aussi le baratin, pour le cas où vous n'auriez compris que jusqu'à un certain point.

Quel aveu !

Ôte tes souliers : école !

« L'école doit s'ouvrir sur la vie. » Variante : « L'école doit être l'apprentissage de la vie. »

T'en as pas marre d'entendre, de lire des conneries pareilles ? Moi, oui. Marre. Archi-marre. J'enrage. A tous les coups. Et ils sont nombreux, les coups !

Ce n'est certes pas la seule ânerie péremptoire qu'on nous déverse dans les oreilles à micro-que-veux-tu, ce n'est pas la seule qui me fasse grincer, hélas, mais, bon, c'est celle-là qui me vient aujourd'hui sous la plume, va savoir à la suite de quelle discussion, de quelle bribe d'interview happée au hasard de la zappe, et qu'importe... ? Des livres ont été pondus sur le sujet, des monceaux de livres très doctes, les magazines (non, pas les « news », décidément, ça m'arrache la gueule) ont élevé la chose à la hauteur d'un traditionnel marronnier d'avant rentrée des classes... Bref, c'est la prodigieuse, l'inépuisable bouleversante découverte pédagogique de notre temps, la grande révolution dans l'enseignement, l'idée fulgurante et salvatrice dont on s'étonne que la grouillante cohorte des siècles précédents ne l'ait pas eue !

Il faut croire que ça marche, puisque ça marche. Même, le croquant standard, tout content d'avoir compris, en rajoute : les associations de parents d'élèves se plaignent que l'école soit encore trop coupée de la « vie réelle »... Que veulent-ils donc ? Que l'institutrice apprenne aux mômes à gratter le machin du Tac-o-tac ? À lécher une glace vanille-framboise ? A passer le petit balai dans la cuvette des chiottes après s'en être servi ?

« L'école, apprentissage de la vie », c'est là le type même du discours bassement démago, de la trouvaille pseudo « révolutionnaire » et « moderne » mais en même temps immédiatement compréhensible par tout un chacun parce qu'elle éveille des échos familiers dans les petites têtes façonnées à la sagesse populaire. Des choses de ce tonneau : « C'est pas dans les livres et les écoles qu'on apprend, mais dans le grand livre de la Nature. » Suivent les exemples vécus : « Mon grand-père, qu'était illettré à cent pour cent, eh bien, rien qu'à regarder le soleil couchant il vous disait le temps qu'il ferait le lendemain, mon grand-père. Et il se trompait jamais. Jamais ! Autre chose que toutes leurs météos. » Cela se passe dans le même obscur repli où se tapit la guérison par les plantes, la nostalgie du bon vieux temps et le mépris des intellos fumeux enfouis dans leurs grimoires.

Le désolant, c'est que ce genre de bavottis sénile pour piliers de bistrot, devenu mot d'ordre officiel et philosophie nationale, soit passé dans les faits, orientant impérativement les directives venues d'en haut imposées aux enseignants et chefs d'établissement.

Non, bonnes gens ! Non, non et non ! La « vie » ne s'apprend pas à l'école. L'école n'est pas là pour ça. La vie s'apprend dans la vie. Dans la famille, dans la rue, en vacances, au stade, avec les copains... L'école, c'est (ce devrait être !) le lieu où l'on apprend tout ce qu'on n'apprendrait jamais « dans la vie ».

L'école est (devrait être ?) un lieu à part. Un lieu sacré. Un temple, si tu veux. Le temple de la connaissance. On devrait n'y entrer qu'en laissant ses souliers dehors, je veux dire en abandonnant de l'autre côté de la porte les idées toutes faites et ce gros bon sens, peut-être utile pour se dépatouiller dans les diverses circonstances de la vie de tous les jours mais tout à fait insuffisant et même souvent carrément nuisible pour aborder la connaissance « par le bon bout de la raison ». On devrait, en en franchissant le seuil, oublier qu'on a une famille, oublier tout lien, toute influence de l'extérieur. Car l'école est (devrait être ?) le lieu d'une initiation. La seule initiation qui ne soit pas salamalec « ésotérique » et flatte-gogo : l'initiation à l'accès à la juste et fructueuse façon de raisonner.

Le savoir, même à un stade relativement modeste, n'est nullement une accumulation de faits, de dates, de noms, de recettes. L'école est là pour nous apprendre comment, de ce fatras, extraire les lignes directrices. L'école est (doit être ?) avant tout un lieu où l'on apprend à se servir le plus efficacement possible de son intelligence, où, comme le souhaitait Marcel Boll, se pratique intensément l'éducation du jugement. Si elle n'est pas cela, elle trahit sa mission.

Mais le « marché du travail » exige... La grande peur du chômage aiguillonne la course à la spécialisation. Les parents anxieux veulent que le gosse s'oriente vers des « débouchés », le gosse doit très tôt savoir où il veut aller, et très tôt s'y préparer. Très très tôt. Voilà l'école réduite à une espèce de pré-apprentissage. Pas de place là-dedans pour le savoir gratuit, pour la formation de « têtes bien faites », pour ce qu'avec mépris on désigne désormais sous le nom de « culture générale ». On élague tout ce qui ne concourt pas directement au métier futur, c'est-à-dire au franchissement des barrières que sont les successifs examens.

Or, le « grand livre de la Nature », c'est à l'école qu'on apprend à le déchiffrer, à s'élever au-dessus de l'anecdote, à ne pas se contenter de l'étonnement béat, de l'empirisme au coup par coup, à relier les observations, à les classer par catégories, à en déduire des lois générales, à, eh oui, raisonner.

Un enfant normalement constitué saurait lire et écrire à six ans, si on se donnait la peine de le lui apprendre. Il paraît que c'est interdit... Interdit-on aux mères d'apprendre à parler à leurs gniards, et ce le plus tôt possible ? Sont-elles vexées quand leur bébé tarde à émettre ses premiers mots, à faire ses premiers pas ! Qu'on en finisse donc avec cette peur de traumatiser les jeunes cerveaux par le surmenage ! Quoi de plus navrant que ces dadais de quinze ans qui ânonnent syllabe par syllabe et sont incapables de mettre l'orthographe ? Qu'on en finisse avec ces petits enfants qu'on envoie jouer au reporter, un magnétophone sous le bras, et qui vont gravement « interviewer » le boucher du coin : « C'est quoi, m'sieur, votre métier ? Pourquoi vous avez choisi ça ? », et qui, en s'y mettant à quatre ou cinq, vont tirer de ça un « reportage » en s'efforçant d'imiter ce qu'il y a de plus plat, de plus niais, de plus terne dans le journal que lit papa.

Il y aurait beaucoup à dire, mais l'espace est limité, et puis ça se bouscule dans ma tête, tout voudrait sortir à la fois.

Je rêve d'une école telle que la rêvaient les précurseurs qui, tout au long du dix-neuvième siècle, se sont tant battus pour l'avènement de l'instruction populaire universelle. Une école où, jusqu'à l'adolescence, on ne se préoccuperait que de former des esprits pensant juste, munis d'un bagage solide de connaissances générales, sans se soucier de spécialisation, remettant l'orientation vers le métier à l'après-scolarité obligatoire. En somme, ce qu'ont pas trop mal réalisé, en leur temps, pour l'enseignement primaire, le certificat d'études et le brevet élémentaire. Ce qui n'interdisait nullement de repérer les aptitudes particulières et de les encourager. Bon, on arrête, v'là que je frôle la nostalgie.

Manif

Si tu n'es pas content de l'instruction donnée par l'école publique, ne descends pas dans la rue pour exiger des sous pour les écoles dites « libres ».

Descends dans la rue pour exiger que l'école publique soit la meilleure.

Instruction civique

Ne sachant ce qu'il en est actuellement, je ne me permettrai ni de juger, ni de comparer. Je me bornerai à décrire ce qu'était l'instruction civique telle que, tout au long de ma courte scolarité, les instituteurs de l'école primaire (je n'en ai pas connu d'autre) me l'ont enseignée.

Cela s'appelait alors « Cours de morale et d'instruction civique ». On se bornait à la morale dans les « petites classes » pour aborder l'instruction civique proprement dite dans les deux années qui précédaient le certificat d'études. Cet examen universel se subissait alors à l'âge de douze ans, il n'est pas inutile de le rappeler. Tout ce que je sais des principes de la démocratie et des modalités de fonctionnement d'un Etat, je l'ai appris alors, comme toutes les personnes de mon âge, et les notions que j'ai pu acquérir par la suite n'ont fait qu'affirmer, préciser et compléter cet enseignement de base, car c'est dans l'enfance que l'esprit, malléable, curieux, avide de comprendre, secondé par une mémoire gourmande comme une éponge, s'imprègne durablement et, véritablement, s'éduque.

Une heure d'instruction civique par semaine, tel était le programme. Qu'y enseignait-on ? Essentiellement les règles de base de la vie en société, fondées non sur une idéologie — à moins qu'on ne range parmi les idéologies le désir que tout se passe harmonieusement —, mais sur les constantes universelles du comportement humain, tant individuel que collectif. La règle d'or était celle-ci, inlassablement répétée : « La liberté consiste à faire tout ce qui ne nuit pas à autrui. La liberté de chacun finit où commence la liberté des autres. »

Ce n'est pas ici le lieu de faire un exposé détaillé du cours d'éducation civique tel qu'on le pratiquait sous la Troisième République. Je vais donc simplement énumérer les matières qu'on m'inculqua, en vrac, comme elles me viennent à l'esprit. Les titres de chapitre sont à eux seuls suffisamment éloquents.

Définition et nécessité de la démocratie. Conditions minimales de son fonctionnement (je revois le maître insistant sur le principe sacré de la séparation des pouvoirs : « Il y a trois pouvoirs, le législatif, l'exécutif, le judiciaire. Il est absolument nécessaire que chacun de ces pouvoirs soit totalement indépendant de chacun des deux autres. Si cette condition n'est pas remplie, il n'y pas démocratie. » Il marquait un temps et posait la question : « Et qu'y a-t-il, alors ? » Toute la classe hurlait « Une dictature ! »). Participation de tous les citoyens à la gestion des affaires communes par l'intermédiaire de représentants élus par eux. Définition de la commune, du maire, du conseil municipal, de leur rôle, de leur élection. Définition du département, du conseil général, du préfet. Définition de l'Etat, des Chambres, du président de la République. Attributions de chacun. Proposition et vote des lois. Nécessité de l'impôt. Principe de la séparation de l'assiette et de la recette de l'impôt. Fonctionnement des services publics. Définition de la propriété, de ses prérogatives, de ses limites. Fonctionnement de la justice : impartialité, jurys populaires, et cette notion sacrée, inlassablement redite : « Tout accusé est présumé innocent jusqu'à ce qu'il soit démontré coupable et condamné. » Notions de droit, d'économie politique, fonctionnement de la Bourse, lois sur les différentes formes de sociétés (anonyme, SARL, loi de 1901, etc.). Droits et devoirs du citoyen, cotisations sociales, défense du citoyen contre les erreurs ou les abus de l'Etat (Conseil d'Etat, Tribunal administratif, etc.). Libertés : de la presse, d'association (syndicats), de grève, de conscience... Définition et défense de la laïcité... Mariage, héritage, etc.

Et surtout, surtout : éducation du jugement. Mise en garde contre les séductions spécieuses des aventuriers démagogues, contre l'esprit corporatiste étroit, le sensationnalisme journalistique, les rumeurs invérifiées, etc.

Je n'étais pas trop gourmand des cours d'« inst. civ. », mais, puisque j'étais là, autant s'y intéresser. Et j'ai, veuille ou non, acquis là ce que je n'aurais plus jamais l'occasion d'apprendre ailleurs. Ce qui m'amène à me demander : Où les jeunes d'aujourd'hui acquièrent-ils ces principes de base, ces notions minimales essentielles, si, comme je l'ai entendu, l'instruction civique n'est plus enseignée à l'école, ou du moins plus avec cette rigueur ?

Qui veut conduire une voiture doit subir un examen, pas tellement facile, afin de prouver sa capacité de conducteur et une connaissance minimale du code de la route, c'est bien normal. Par contre, nul n'est tenu de faire la preuve d'un minimum de connaissance des institutions de son pays avant d'aller voter. Je suis persuadé, d'après quelques sondages personnels, que l'immense majorité des électeurs français échoueraient à un très indulgent examen d'instruction civique ! Pourtant, ça vote !

Lorsque mon père devint français par naturalisation et reçut sa première carte d'électeur, il débordait de fierté. Il était totalement illettré et, non seulement ignorant de la chose politique, mais n'ayant aucune idée de ce qu'était une élection et à quoi cela servait. Alors, il demandait à son patron pour qui il fallait voter. « Le patron, il sait tout, lui. » J'avais quatorze ans, je trouvais cela scandaleux, mais ça faisait tellement plaisir à papa !

Mafia

Il est des gens, plus clairvoyants ou plus pessimistes que la moyenne (mais qui décidera si l'un fut clairvoyant, l'autre trop pessimiste, sinon les événements à venir ? Ceux qui, en 1938, prévoyaient dans le futur immédiat une guerre épouvantable passaient alors pour des pessimistes obsédés, ferme tes parenthèses, tu veux, avec ta manie des digressions je ne sais plus où j'en suis, moi), il est, donc, des gens pour prédire qu'au train où vont les choses la mafia — « les » mafias ? — sera un jour maîtresse du monde. Ce n'est pas absolument délirant. On peut imaginer que le colossal fleuve de pognon sale jailli en flot continu des sources de la drogue, de la prostitution, du racket, de la fraude fiscale, de la contrebande d'armes et de toutes les ingénieuses ou brutales façons de détourner le fric de son cours pépère dans l'économie dite « normale » permette, après blanchissage, aux caïds du crime organisé de se rendre peu à peu acquéreurs majoritaires des grandes affaires qui mènent le monde et dominent la politique. Imaginer cela fait très peur.

Vous vous rendez compte ? Nos petites vies régies par des brutes cyniques, rusées mais illettrées, bigotes de surcroît (si tous les culs-bénits ne sont pas de la mafia, tous les mafiosi sont des culs-bénits) ? Tu parles si ces crapules qui font crever de malheureuses putes à la tâche, assassinent en pleine rue juges et flics et répandent à flots la drogue sur la jeunesse en fleur, se soucieront des conditions de travail du salarié et des conventions collectives ! Les syndicalistes seront envoyés par le fond avec cent kilos de béton aux pieds, et vas-y donc ! Nous serons tous des esclaves, obligés d'acheter une quantité minimale de drogue au fonctionnaire chargé de ça (comme autrefois le sel au temps de la gabelle, tout à fait), sauf certains qui n'auront pas droit à la schnouffe parce que c'est eux qui feront le boulot... Ce sera l'horreur.

Eh bien, non. Ce ne sera pas plus l'horreur que maintenant. Du moins pas plus l'horreur que si ce que nous vivons maintenant continue à évoluer sur son élan. Car, étant devenus maîtres des affaires et seigneurs du monde, les grands truands devront faire fonctionner tout ça, se trouveront donc devant les mêmes problèmes que les seigneurs actuels de la finance, de l'industrie et de la politique, se feront entre bandes rivales la même guerre sanglante que se font les grands trusts, bref, devront faire suer le burnous et écouler la marchandise. De telles situations se sont déjà produites. Quand les hordes des barbares teutons se jetèrent sur l'Empire romain, elles n'étaient que des confédérations de tribus pillardes ayant uni leurs forces pour une fructueuse razzia. Ces gaillards vivaient en nomades, au jour le jour, s'unissaient le temps d'une expédition, tuaient, violaient, mettaient le feu, et puis se sauvaient avec le butin. L'Empire était riche, puissant, actif. Les villes et les campagnes dévastées relevaient leurs ruines, redevenaient florissantes, les barbares pouvaient revenir faire la moisson. Mais ayant, une bonne fois, envahi tout l'Empire, l'ayant consciencieusement saigné et s'y étant installés, il leur fallut bien veiller eux-mêmes au relèvement et à la mise en valeur dont ils recueillaient les fruits. Voilà nos pillards, voilà nos assassins, réduits à se transformer en propriétaires, en administrateurs. Au lieu d'égorger le manant gallo-romain pour lui voler sa femme et le produit de sa sueur, voilà qu'ils devaient rester sur place et lui botter le cul en permanence, au pauvre plouc, afin qu'il fasse cracher la glèbe pour eux.

Où tu nous emmènes, là ? Où veux-tu en venir ? A ceci :

Quel que soit le moyen pour parvenir à la réussite suprême, honnête (comme s'il y en avait d'honnête !) ou malhonnête, criminel, scélérat, par le fer, par le feu ou par la tromperie (comment les Américains, si moraux, si puritains, se sont-ils emparés des terres indiennes, dites-moi ?), par la guerre ouverte ou par la concurrence économique (les saintes et « libérales » lois du marché !), quel que soit le moyen, une fois qu'on y est, au sommet, on ne peut que faire comme nos Teutons caracolants : vivre sur la bête, exploiter le croquant, bref, gérer, administrer.

Oui, mais, des bandits, ça administre sans faiblesse comme sans pitié. Ça exploite l'homme jusqu'au trognon... Et alors ? Que crois-tu que fait un patron « normal » ? Si les salariés d'aujourd'hui (dans les pays dits « avancés ») ne sont pas tout à fait traités en esclaves, ce n'est pas à la charité chrétienne de leurs exploiteurs chrétiens qu'ils le doivent, mais bien aux luttes acharnées, souvent sanglantes, qu'ils ont menées pendant deux siècles. Le droit d'association (syndicats) ne fut accordé, après combien de grèves et de fusillades, qu'il y a un peu plus d'un siècle. Les conventions collectives, la Sécurité sociale, le droit à la retraite, les congés payés, les quarante (puis les trente-neuf) heures... tout cela donna lieu, point par point, à des empoignades où l'Etat, ses flics et ses troupes, toujours du côté des gens « convenables », défendit avec constance les intérêts du capital... S'il n'avait tenu qu'aux possédants, les enfants de six ans tireraient encore des wagonnets au fond des mines (ou quoi que ce soit de moderne et dans le vent qui tiendrait lieu de wagonnets : peut-être des « Fenwicks » chargés de déchets nucléaires qu'ils manipuleraient à mains nues ?).

Or voici que se recréent les conditions idéales pour que triomphe à nouveau un capitalisme sauvage. La société s'installe, résignée ou béate, dans un état de chômage permanent qui n'est nullement la conséquence malheureuse d'une « crise » passagère, mais bien le résultat normal, prévu, voulu, de l'automatisation. Les médias traitent la chose comme ils traitent toute chose : en spectacle. En ce moment, on polarise le public sur le nombre fatidique des trois millions de chômeurs. Passera-t-on la barre, la passera-t-on pas ? Suspense. Ça palpite. On la passera, bien sûr. Après, on remettra ça pour « le cap fatal des quatre millions ». On a tellement conditionné les crânes à la notion de record qu'on y pense en termes de record... Naturellement, on n'insiste guère sur cette autre notion : chômage égale travailleur prêt à tout pour garder son boulot ou pour en trouver un. Chômage égale patronat tout-puissant. Egale conquêtes sociales remises en question... Que la mafia réussisse à foutre en l'air, à coups d'O.P.A. en Bourse ou à coups de mitraillette, les têtes actuelles des multinationales ou que les choses se contentent de suivre leur cours pourri, le résultat sera le même : les requins triompheront, le vingt et unième siècle, siècle de la fameuse reconquête religieuse prédite, sera surtout le siècle de l'écrasement du menu peuple laborieux par un patronat fantastiquement mieux armé que celui des débuts de l'industrialisation.

Il sera aussi le siècle des grands massacres. Car on ne réduit pas à l'inaction, à la misère et à la famine les trois quarts de la planète sans qu'il y ait des conséquences. Il arrive un moment où une situation en dégradation continue devient explosive. Il suffit alors d'une étincelle, d'un meneur, d'un idéal (ça, ça se fabrique à la demande) pour que se déclenche la grande ruée... Cela aussi, c'est prévu. Car la guerre est la plus fructueuse des industries (avec la drogue).

Nous vivons la fin de l'Empire romain. Nos destins sont entre les pognes des dirigeants, politiques ou industriels, qui n'ont aucune vue d'ensemble, aucun projet à long terme. (L'Europe ? Laisse-moi rire : une combine de boutiquiers locaux pour lutter contre la concurrence. Du poujadisme d'Etat !) Les trusts, aussi imposants soient-ils, ne voient pas plus loin que leur boutique, œuvrent pour le profit immédiat, se foutent éperdument de l'incidence de leur bizness sur la société. (Que ne faut-il pas faire pour les forcer à polluer un tout petit peu moins !) Les politiciens gouvernent au coup par coup, colmatent les brèches, profitent de leur passage au pouvoir pour se goinfrer comme des truies. (Aucun scandale n'a jamais tué un ministre, ni ne l'a appauvri, ni ne lui a valu un coup de chapeau en moins.)

Bref, la société de consommation, la société du profit (personnaliser les bénéfices, socialiser les pertes) prend irrésistiblement l'allure de l'anarchie * primitive généralisée : retour à la domination de la brute, du plus fort, du plus rusé, du plus crapule, avec la bénédiction des papes de toutes couleurs. Mafia ou pas.

D'ailleurs, les mafiosi sont très pieux.

* Il va de soi que par « anarchie » je n'entends pas faire allusion aux militants anarchistes, doux utopistes dont je salue la foi en une humanité perfectible.

Nihilisme amusant

Tu n'as et ne pourras jamais avoir aucun moyen autre que ta propre expérience de savoir si le monde et tout ce qu'il contient, y compris toi-même, existe en dehors de la perception que t'en donnent tes sens, soit, en fin de compte, s'il existe autre chose que des sensations dans ton cerveau, des images... : une illusion.

De toute façon, que l'univers existe « en vrai » ou ne soit qu'une illusion en toi ne change strictement rien. Tout a commencé à être à la seconde où tu en as pris conscience. Tout cessera d'exister quand la conscience que tu en as cessera.

Car de deux choses l'une : ou le monde existe et tu le sais par son reflet en toi, ou il n'y a que le reflet en toi d'un monde qui n'existe pas. Dans les deux cas, tu n'as qu'un reflet, et qui mourra avec toi. Tu ne peux absolument pas en décider. Aucun repère ne peut t'y aider.

Et Dieu, dans tout ça ? Dieu, comme le reste...

Nihilisme amusant (suite)

Tu es prêt ? Bien. On y va.

Qu'est-ce qui te prouve que l'instant que tu vis actuellement est bien la suite de l'instant qui l'a immédiatement précédé ?

Rien.

Tu t'esclaffes. « Mais, voyons, l'évidence ! »

Non.

Quelle preuve as-tu que, par exemple, ta main qui, en ce moment même, en cette infiniment petite fraction de seconde qui est l'instant présent, avance une allumette vers le bout de la cigarette que tu as en bouche, quelle preuve as-tu que, pendant l'infiniment petite fraction de seconde qui précéda celle-ci, elle était en train de porter cette allumette à ta cigarette, après l'avoir frottée ?

Aucune, sinon le souvenir que tu en as, et aussi ton habitude mentale d'un certain déterminisme dans l'enchaînement des causes et des effets.

(Pas même celle de ton propre corps : tu n'en as connaissance que par tes sensations tactiles, visuelles, internes, c'est-à-dire, en fin de parcours, par des impressions sur l'écran récepteur de ta conscience. Même constatation en ce qui concerne la mémoire.) Rien ne peut te prouver que les instants, ces « quanta » du temps, sont reliés l'un à l'autre de façon déterministe, le long d'une espèce de ligne droite, que le temps s'écoule « logiquement » (selon la logique à laquelle nous sommes conditionnés), que même ce qu'on appelle le « temps » existe...

« Mais alors, tout fout le camp ? »

Non. Pas tout. Une chose demeure, une seule : la certitude de ta propre existence. En effet, qui se pose ces questions ? Toi. Qui lit (ou croit lire !) ces lignes ? Toi. Donc, tu es. Avoir la conscience d'être, c'est être.

Descartes l'a dit : « Je pense, donc je suis. » C'est rigoureusement vrai. C'est même la seule chose certaine. On ne peut pas aller plus loin. Pour risquer un pas de plus, il faut faire comme si.

Mais ne t'en fais pas. Dans la pratique, on fait comme si...

Demain, les bûchers ?

Aujourd'hui, les mollahs tuent.

Parce qu'un homme a osé écrire ce qu'ils estiment être un blasphème.

Ils l'ont condamné à mort.

Ils ont déchaîné contre lui les hyènes du fanatisme et de la cupidité.

En toute illégalité (mais existe-t-il une légalité internationale ?) et en toute impunité, le chef d'un État souverain lance un ordre d'assassinat hors de ses frontières.

Le monde entier, indigné (pas trop) et sportivement intéressé, suit la chose et fait des paris. L'auront ? L'auront pas ?

Un autre Etat musulman déclenche une tempête contre un couturier d'un pays lointain qui a osé broder des mots « sacrés » sur le corsage d'une femme (d'une femme ! Double horreur !). Le couturier et les diplomates s'écrasent en honteuses excuses. C'est qu'il peut y avoir un ordre de mort au bout de tout ça !

Ailleurs, on pend, on emprisonne, on torture chaque jour pour apostasie, athéisme ou simple irrespect.

Un climat d'intolérance, de fanatisme, de dictature théocratique s'installe et fait tache d'huile.

L'intégrisme musulman a donné le « la », mais d'autres

extrémismes religieux piaffent et brûlent de suivre son exemple.

Demain, catholiques, orthodoxes et autres variétés chrétiennes instaureront la terreur pieuse partout où ils dominent. Les Juifs en feront autant en Israël.

Il suffit pour cela que des groupes ultra-nationalistes, et donc s'appuyant sur les ultra-croyants, accèdent au pouvoir. Ce qui n'est nullement improbable, étant donné l'état de déliquescence accélérée des démocraties.

Le vingt et unième siècle sera un siècle de persécutions et de bûchers.

Quand sera venu le temps des pieux bourreaux, jette ce livre au feu avant qu'on ne t'y jette !

Table

* Reproduits avec l'aimable autorisation des Editions Belfond.

DU MÊME AUTEUR

Albin Michel :

La Grande Encyclopédie bête et méchante
La Nouvelle Encyclopédie bête et méchante
Nos Ancêtres les Gaulois
Le Temps des Égorgeurs

Pierre Belfond :

Les Ritals
Les Russkoffs
Bête et méchant
Les Yeux plus grands que le ventre
Maria
L'Œil du lapin
Les Écritures
Louise la Pétroleuse (théâtre)
... Et le singe devint con (L'Aurore de l'Humanité I)
Le con se surpasse (L'Aurore de l'Humanité II)
Les Fosses carolines
La Couronne d'Irène
Le saviez-vous ?
Les Aventures de Napoléon
Mignonne, allons voir si la rose...
Coups de sang

Hara-Kiri :

4, rue Choron

Jean-Jacques Pauvert :

Stop-Crève
Droite-Gauche, piège à cons

Julliard :
(Collection « Humour secret »)
Cavanna

L'École des Loisirs :
adapté en vers français par Cavanna
Max et Moritz, de Wilhelm Busch
Crasse-Tignasse (Der Struwwelpeter)

Hors Collection :
Maman, au secours!
Les Grands Imposteurs
Dieu, Mozart, Le Pen...
Tonton, Messaline, Judas...

L'Archipel :
La Belle Fille sur le tas d'ordures
De Coluche à Mitterrand

Hoebeke :
Les Doigts pleins d'encre
Les Enfants de Germinal

Dans la collection « Lettre ouverte »

BERNARD BESRET	*Lettre ouverte au pape qui veut nous assener la vérité absolue dans toute sa splendeur*
ANDRÉ BERCOFF	*Lettre ouverte à ceux qui ne sont rien et qui veulent être tout*
JEAN-PAUL ESCANDE	*Lettre ouverte aux technocrates qui prennent l'hôpital pour une usine*
PHILIPPE GUILHAUME	*Lettre ouverte aux Français qui ne veulent plus être pris* que *pour des cons*
PAUL GUTH	*Lettre ouverte aux futurs illettrés*
JEAN-EDERN HALLIER	*Lettre ouverte au colin froid*
JEAN-LUC HENNIG	*Lettre ouverte aux Suisses, si bons, si gros, si tristes*
GUY HOCQUENGHEM	*Lettre ouverte à ceux qui sont passés du col Mao au Rotary*
DOMINIQUE JAMET	*Lettre ouverte à la droite la plus mal à droite du monde*
MICHEL JOBERT	*Lettre ouverte aux femmes politiques*
JACQUES LAURENT	*Lettre ouverte aux étudiants*
JACQUES MARSEILLE	*Lettre ouverte aux Français qui s'usent en travaillant et qui pourraient s'enrichir en dormant*
ANDRÉ MAUROIS	*Lettre ouverte à un jeune homme*
JEAN MONTALDO	*Lettre ouverte d'un « chien » à François Mitterrand au nom de la liberté d'aboyer*
ÉRIC NEUHOFF	*Lettre ouverte à François Truffaut*
FRANÇOIS NOURISSIER	*Lettre ouverte à Jacques Chirac*
LOUIS PAUWELS	*Lettre ouverte aux gens heureux*
THIERRY PFISTER	*Lettre ouverte à la génération Mitterrand qui marche à côté de ses pompes*
MICHEL PONIATOWSKI	*Lettre ouverte au Président de la République*
JEAN-FRANÇOIS REVEL	*Lettre ouverte à la droite*
ALEXANDRE SANGUINETTI	*Lettre ouverte à mes compatriotes corses*
JACQUES SOUSTELLE	*Lettre ouverte aux victimes de la décolonisation*

BERNARD THOMAS	*Lettre ouverte aux écolos qui nous pompent l'air*
JACQUES VERGÈS	*Lettre ouverte à des amis algériens devenus tortionnaires*
PIERRE VIANSSON-PONTÉ	*Lettre ouverte aux hommes politiques*
PHILIPPE DE VILLIERS	*Lettre ouverte aux coupeurs de tête et aux menteurs du bicentenaire*
WOLINSKI	*Lettre ouverte à ma femme*
MARYSE WOLINSKI	*Lettre ouverte aux hommes qui n'ont toujours rien compris aux femmes*

La composition de cet ouvrage
a été réalisée par l'Imprimerie BUSSIÈRE,
l'impression et le brochage ont été effectués
sur presse CAMERON *dans les ateliers de B.C.A.,*
à Saint-Amand-Montrond (Cher),
pour le compte des Éditions Albin Michel.

Achevé d'imprimer en septembre 1994.
N° d'édition : 14095. N° d'impression : 94/712.
Dépôt légal : septembre 1994.